本书由“保山师范高等专科学校学术出版基金”资助出版

多维视角下的保山文化产业研究

滇丨西丨学丨术丨文丨丛

◎魏国彬　吴臣辉　著◎

云南大学出版社
Yunnan University Press

图书在版编目（CIP）数据

多维视角下的保山文化产业研究/魏国彬，吴臣辉著．—昆明：云南大学出版社，2008
（滇西学术文丛）
ISBN 978-7-81112-690-7

Ⅰ．多…　Ⅱ．①魏…②吴…　Ⅲ．文化—产业—研究—保山市　Ⅳ．G127.743

中国版本图书馆 CIP 数据核字（2008）第 145954 号

多维视角下的保山文化产业研究

魏国彬　吴臣辉　著

策划编辑：徐　曼
责任编辑：李兴和　刘　焰
封面设计：刘　雨
出版发行：云南大学出版社
印　　装：云南国浩印刷有限公司
开　　本：850mm×1168mm　1/32
印　　张：8.375
字　　数：213 千
版　　次：2008 年 10 月第 1 版
印　　次：2008 年 10 月第 1 次印刷
书　　号：ISBN 978-7-81112-690-7
定　　价：20.00 元

社　　址：云南省昆明市翠湖北路 2 号云南大学英华园内
邮　　编：650091
电　　话：0871-5033244　5031071
网　　址：http://www.ynup.com
E-mail：market@ynup.com

“滇西学术文丛”总序

蒋永文

保山师范高等专科学校地处气候宜人、风景秀丽、历史悠久的滇西重镇保山，是一所建校近30年，主要为拥有1 100万人口的滇西7个州市培养中小学师资的地方师范院校。长期以来，在艰苦的条件下，学校为该区域培养了上万名中小学教师和各行业建设者，为祖国西部边疆少数民族地区的教育发展作出了应有的贡献。

大学肩负着创造知识和传播知识的重任。学术是支撑大学的精髓，学科是构筑大学的基石，学者是大学精神的化身。教学与科研相统一是大学的基本理念。科研和教学是彼此促进的，在教学中，可以激发灵感，开阔思路，发现研究课题。而研究成果又可以丰富教学内容，促进教学质量的提高，二者相得益彰。为了给滇西地区提供更好的高等教育资源，保山师专必须建立一支热爱教育事业，业务过硬，高水平、高质量的教师队伍，为此，学校以重点学科建设为龙头，以形成科研特色、增强科研实力、提高效益为目标。学校近几年采取了资助科研立项、奖励科研成果、出版学术论文集等措施来不断提高广大教师的教学水平和科研水平，已收到了较好的效果。为了更好地为广大教师提供出版学术论著的园地，学校决定从2007年起出版“滇西学术文丛”，出版学术水平较高的著作。相信“滇西学术文丛”的出版，一定会对保山师范高等专科学校科学研究的深入，以及学科建设和学科带头人、骨干教师的培养产生积极的影响。

辽阔的天空，允许大鹏展翅高飞，也允许小鸟上下蓬蒿；广袤的大地，允许参天大树生长，也允许无名小草成长。我们是小鸟，我们是小草，这套丛书，远非成熟完美，作者水平也还需要不断提高。我们期待着批评和指教。我们会做得越来越好。

2007年5月

目　　录

第四部分　文化产业学

绪 论

发展保山文化产业是党的方针政策、地方经济社会发展、巩固和加强边疆民族地区的民族团结和社会稳定等多方面因素作用的结果。作为保山文化产业智力支持的理论研究是必需的。与保山文化产业发展实践相比，保山的文化产业研究显然明显落后了。迄今为止，保山还没有出现相关的文化产业研究机构，更没有具有影响力的文化产业研究专著，这必将制约保山文化产业的可持续发展。区域性、实践指导性和理论创新性是保山文化产业研究服务保山地方经济文化发展这一研究目标的内在要求。保山文化产业研究立足于学科理论的视角，关注文化事业与文化产业之间的关系，探寻文化产业的支撑体系，并力求以案例研究的方式展示学科理论在文化产业发展中的实践意义，进而在此基础上建构起文化产业学理论框架。

一、宏观视野：保山文化产业研究的现实背景

近20年来，随着现代科学技术的发展，老百姓对文化商品的消费的日益增长，文化产业也蓬勃发展起来。特别是进入新世纪，人民群众的生活日益改善，已经告别了追求解决温饱的物质贫乏年代，走进了追求优质、富裕生活的小康社会。在这样的生活环境下，人们生活需求的重心已经发生转变，人们开始更多地关注精神生活方面，这也对社会生产提出了新的挑战。基于这样的社会发展动力，文化产业开始在社会生产部门中逐渐占据一个很重要的位置。发展文化产业，满足人民群众的精神生活需求，

成为各级政府、各界人士的现实任务。

第一，研究保山文化产业，促进保山文化产业的发展，是促进文化产业大发展的十七大精神的要求。十七大报告指出，当今时代，文化越来越成为民族凝聚力和创造力的重要源泉，越来越成为综合国力竞争的重要因素，丰富精神文化生活越来越成为我国人民的热切愿望。要坚持社会主义先进文化前进方向，兴起社会主义文化建设新高潮，使人民基本文化权益得到更好保障，使社会文化生活更加丰富多彩，使人民精神风貌更加昂扬向上。十七大报告还要求，要深化文化体制改革，完善扶持公益性文化事业、发展文化产业、鼓励文化创新的政策，营造有利于出精品、出人才、出效益的环境。坚持把发展公益性文化事业作为保障人民基本文化权益的主要途径，加大投入力度，加强社区和乡村文化设施建设；大力发展文化产业，实施重大文化产业项目带动战略，加快文化产业基地和区域性特色文化产业群建设，培育文化产业骨干企业和战略投资者，繁荣文化市场，增强国际竞争力。

第二，研究保山文化产业，促进保山文化产业的发展，是拓展云南文化产业发展的地域空间，深入探索民族边疆地区文化旅游产业发展经验，全面推进小康社会的现实需要。进入新世纪以来，云南省提出建设民族文化大省和把文化产业培育成新的支柱产业，大力推进文化体制改革。文化产业和文化事业发展取得了明显成效：从“丽江模式”到大型原生态歌舞《云南映象》，从法国的“云南文化经济周”到为期四天的西部文化产业博览会签订文化产业开发项目资金157亿……可以说，云南文化产业为经济的快速发展作出了重要贡献，为扩大对外开放拓展了新的空间，为深化改革探索了宝贵经验，也丰富了人民群众的文化生活。云南文化产业正在蓬勃发展，并日益显示出其产业分量。据相关资料显示，2005年云南文化及其相关产业增加值为183.58亿元，增长了36.57%；实现主营业务收入274.72亿元，比上年增长40.16%；营业利润8.89亿元，增长了50.93%；全省文化产业增加值占GDP比重的5.92%。[①] 但是，对于边疆民族地区的文化产业来说，云南文化产业模式还缺乏坚实的理论与实践基础。怎样促进边疆民族地区文化旅游产业的发展，全面推进农村小康社会的建设，已经成为云南边疆民族地区社会经济发展的重大课题。

第三，研究保山文化产业，促进保山文化产业的发展，是推动边疆民族地区新农村建设、发展农村经济、丰富农村群众文化需求的切实举措。中共十六届五中全会明确提出建设社会主义新农村，其根本目标是坚持以经济建设为中心，不断解放和发展农村的社会生产力，逐步缩小城乡差距，最终实现农村社会经济的全面发展。从人的全面发展来看，新农村建设不仅仅是经济建设，也应该有文化建设，让文化建设服务于经济建设。现在，各地都掀起了新农村建设的高潮，但是，新农村建设究竟应该怎么建，我们都还没有一个有效统一的模式。把文化旅游建设纳入新农村建设的视野，通过开发农村的自然资源景观，建构符合当地发展实际的旅游景点，推动民间文艺活动的开展，保护和传承农村非物质文化遗产，发展文化旅游产业，实现农村文化产业和农民文化需求的良性互动，这应该是一条值得探索的新农村建设之路。而且，云南许多地方的有关农村旅游文化产业的实践与探索已证明了这条道路的可行性。

第四，研究保山文化产业，促进保山文化产业的发展，是巩固和加强边疆民族地区的民族团结和社会稳定，缩小边疆民族地区经济文化发展差距的现实要求。新中国成立以来，尽管边疆民族地区的经济文化有了一定程度的发展，但是，和东部、中部发达地区的繁荣富裕相比，边疆民族地区还存在着相当大的距离。

---

① 杨萧伊：《云南影视文化之魅》，载《创造》2004年第4期，第90页。

亲临边疆民族地区，还会发现，“云南民族地区相当一部分存在至今还未实现‘路、水、电’三通，部分贫困人口仍不能解决温饱问题的巨大反差，使一些民族干部群众产生了强烈的危机感、失落感甚至是不平等感，这些不满情绪往往会同历史上的民族歧视、民族剥削、民族压迫联系起来。如果长期淤积，这些不满情绪就会使少数民族群众由此对党的民族政策产生怀疑，对社会主义制度的优越性产生怀疑，从而诱发矛盾和对立，成为影响民族团结的隐忧。国际敌对势力和民族分裂势力往往就此挑拨民族关系，煽动民族分裂情绪”。① 而且，边疆民族地区与内地发达地区之间的发展差距还存在继续扩大的趋势。如果这种发展差距一旦超过少数民族群众的心理承受能力，国家的安全与统一、民族的团结与繁荣、边疆的稳定与发展都将受到巨大的挑战。因此，发展边疆民族地区的经济文化，缩小边疆民族地区与内地发达地区过大的发展差距，成为边疆民族地区发展文化产业的重要动力之一。

总之，随着中共十七大精神对发展文化产业的提倡，文化旅游产业必将迎来又一个发展高潮。边疆民族地区应该认准这次发展机遇，迎难而上，敢于试验，探索发展农村文化旅游产业与新农村建设良性互动的途径，加大发展文化产业的步伐，推动边疆民族地区更快、更好地建设和谐社会和小康社会，很好地落实科学发展观。

二、地方视点：保山文化产业研究的现实意义

在国际上，文化产业与信息产业并称为21世纪两大主要的

---

① 杨斌：《经济文化发展与云南边疆民族地区的国家安全和社会稳定》，载云南省社会科学界联合会编：《建设富裕民主文明开放和谐云南》，云南人民出版社2007年，第211页。

新兴支柱产业，成为全球经济发展的两个亮点。无论是在国际上还是在国内，文化产业研究都已成为一个研究热点。中国和云南的文化产业发展报告分别连续出版就是最好的证明。

作为民族文化大省，云南近几年对文化产业的研究已成为国内的一个桥头堡。云南省已成立了云南省社科院文化开发研究中心、云南省文化产业发展研究院和云南文化产业学院；云南大学也有文化产业发展研究院，该研究院还被文化部命名为六个国家文化产业研究中心之一。

云南有关文化产业的研究也相当可观。在文化产业发展规划的研究工作方面，2001—2002 年，云南省委政策研究室、云南省委宣传部和云南省社科院联合组成研究小组，研究并草拟出《加快云南文化产业发展的实施意见》、《云南省文化产业发展纲要》两份草案，同时研究起草了《中共云南省委、云南省人民政府关于深化文化体制改革、加快文化产业发展的若干意见》、《云南省关于加快文化产业发展的若干政策》两个文件，云南省文化改革发展办和云南省统计局同期研究起草了《关于开展文化产业统计工作的意见》、《云南省文化产业统计指标体系的建构》及《云南省文化产业统计报表制度》。在文化产业发展的应用研究方面，云南省社科院文化开发研究中心以《云南发展文化产业的思路与对策》为题全文收录于《2003—2004 云南文化发展蓝皮书》，其《加入 WTO 与云南文化产业发展研究》系列报告全部收录于《2002—2003 云南文化发展蓝皮书》。2003 年年底，云南大学文化产业研究所与云南省文化体制改革和文化产业发展领导小组办公室合作完成的《地州市文化产业发展调研报告》收录于《2003—2004 云南文化发展蓝皮书》。2005 年，作为云南省文化产业政策的关键决策者，丹增先生撰写的《文化产业发展论》是云南省文化产业理论研究的最重要成果，它既是对文化产业发展规律的探索，又是对云南省文化产业发展实践的理性提升。2006年，云南省文化产业研究院组织研究力量，对全省的文化产业进行全方位研究，出版了研究报告《态与势：2006云南文化产业研究报告》。此外，地方文化产业研究也成为其中的一个组成部分，如丽江市委书记欧阳坚的《创新体制转换机制做大做强丽江文化产业》，楚雄州委常务宣传部长李俊、楚雄州文产办主任李怡等的《楚雄州文化改革发展综述》，红河州社科联主席马明武等的《红河州文化产业发展现状与前瞻》，大理学院民族文化研究所副所长张锡禄教授等的《大理州文化产业发展分析》等。

保山文化产业发展已经迈上了一个新的阶段。继腾冲县被列为云南省唯一的县级文化体制改革和文化产业发展试点单位之后，2005年3月23日，在云南省第二期文化产业高级研修班上，保山市又被确定为云南省6个文化产业试点州市，隆阳区被确定为云南省县域文化建设试点地区。对保山市来讲，这既是难得的发展机遇，也面临着巨大的挑战。

2005年11月1日至2日，云南省文化体制改革和文化产业发展试点工作推进会在腾冲县召开。会上，保山市与省文产办签订了目标管理责任书。保山大胆提出了“文化创先工程、标志性文化设施建设工程、农村文化设施改扩建工程、群众文化发展工程、历史文化保护研究与开发工程、民族民间文化艺术保护和开发利用工程、文化精品打造工程、文化产业发展工程、文化人才培养工程、文化机制创新工程”等“保山十大文化工程”。“保山十大文化工程”的实施，从根本上改变了保山文化的发展面貌。现在，保山已出现了一批以腾冲县为代表的全国和省的文化先进县；近年来，保山先后投资近两亿元建设了以全国特色文化广场——保山三馆文化中心广场——为代表的一大批文化基础设施；打造了以获国家银荷花奖的舞蹈诗《啊，傈僳》为代表的一大批文化精品等一系列丰硕的成果。保山的文化建设已经驶上了科学发展的快车道！

从历史的角度来看，尽管保山向来是文化昌盛之地，但是保山文化研究的力度却一直比较弱。保山的地方文化学者也在为繁荣保山文化而努力，但是势单力薄，还未形成大气候。对保山文化进行过开拓性研究的研究者主要有熊清华、耿德铭、肖正伟等。熊清华先生主持编著的"中国最具魅力名镇和顺研究丛书"就是保山文化研究的扛鼎力作。该丛书由《历史和顺》、《环境和顺》和《人居和顺》三部书构成，全方位展示了和顺古镇的历史文化魅力。熊清华先生主持编著的"高黎贡山研究文丛"（由《高黎贡山周边社区研究》、《高黎贡山自然与生物多样性研究》、《高黎贡山民族与生物多样性保护研究》三部书构成）立足于发展保山文化产业，力求建构"高黎贡"文化旅游品牌的内涵，使高黎贡山的原生态魅力成为征服每一位游客之心的杀手锏。熊清华、木霁弘先生编著的《万世其昌》又瞄准哀牢和永昌文化，以诗篇、美文展示其民族历史价值，将神秘悠久的保山推上文化旅游市场的大舞台。耿德铭先生是哀牢文化研究的创建者，他通过翔实的考古证据将历史文献中的哀牢古国全面展示在学术界人士的眼前，算得上是保山地方文化研究的开拓者，其学术著作《哀牢国与哀牢文化》、《哀牢文化研究》、《保山史前考古》等是他一生从事保山地方文化考古的结晶。肖正伟先生则致力于保山地方文化史的梳理，他建构出了一个虽不系统但具有一定学术价值的地方历史发展框架。他通过对文化残留物的考证，对历史事实和民俗文化的发掘，把保山地方文化史研究推到一个新的高度，其著作《哀牢探秘》、《永昌文化史论》和《保山郡县史探》就是其学术思想的清晰演绎。综上所述，我们可以发现，具有自觉意识的保山文化产业研究还是一片有待开垦的处女地。与保山文化产业发展实践相比，保山的文化产业研究显然明显落后了。迄今为止，保山还没有出现相关的文化产业研究机构，更没有具有影响力的文化产业研究专著，这必将制约保山文化产业的可持续发展。这种现状，不仅仅保山存在，从全国来看也是一种值得深思的问题。由社科文献出版社出版的《2007年：中国文化产业发展报告》蓝皮书就曾指出，在对文化产业理论研究的巨大需求与建设性成果的有限供给之间，依然存在巨大的落差。①

尽管保山文化产业已经基本成型，但是在文化产业的发展品牌上却还缺乏像丽江、大理、楚雄等州市那样全省乃至全国的叫得响的品牌。目前，保山文化产业一直停滞不前，成功的产业运作仅见和顺古镇的开发。由此看来，把制约保山文化产业可持续发展的因素和突破其发展瓶颈的突破口作为研究的重点，把发展保山文化产业的对策作为研究难点，以保山文化产业的可持续发展为研究主题，通过调查保山的民族文化艺术资源，审视保山文化产业发展的现状，比较云南其他州市的文化产业发展模式，理清保山文化产业的发展思路，从文化产业理论的高度来剖析保山文化产业可持续发展的制约因素和突破口，进而为保山文化产业的可持续发展制定因地制宜的发展对策，这是保山文化产业研究的重要任务。

保山具有丰厚多样的民族文化资源，特别是民族生态资源特色突出，对发展保山文化产业来说是一大优势。在坚持保山现有的文化产业发展格局的基础之上，积极挖掘民族文化资源，探索民族艺术产业化的发展道路，将民族艺术与民族生态结合起来实施产业化，从文化消费市场的角度建构文化产业，推进健康旅游理念和文化品牌，在云南这个百花齐放的民族文化产业园地里建构出一个具有竞争力的保山文化产业发展模式，这是保山文化产

① 刘好光：《文化产业理论研究明显滞后》，载《中国教育报》2007年3月8日。

业研究的努力方向。

云南文化产业发展的实践已经证明，任何一个州市成功地发展文化产业都需要理论支撑，丽江如此，大理也如此。所以，从市场营销的角度来全方位制定保山文化产业可持续发展的对策，以文化产业链的构架来确定保山文化产业可持续发展的理论基础和战略对策，力求为保山文化产业可持续发展保驾护航，争取对云南其他州市文化发展模式实现超越。

总之，开拓保山文化产业研究的新领域，以先进的文化产业理论和实践经验指导保山突破制约文化产业可持续发展的瓶颈，为保山文化产业实现跨越式可持续发展提供理论支持，这就是推进保山文化产业研究的价值所在。

三、聚焦视向：保山文化产业研究的理性追求

究竟应该走何种路径，保山文化产业研究才能够取得独特的学术地位？要使保山文化产业研究具有独特的价值，我们应该选择什么样的切入点？作为一项在地方文化产业研究方面具有开创性意义的研究，它是否具有一定的理论深度？从现实需求来看，它是否能够引导当地的文化产业实践，或者说是否能够为当地文化产业的发展提供理论支撑？在开始进行保山文化产业研究之时，这些问题就摆在了我们的面前。

俗话说，仁者见仁，智者见智。在研究文化产业的时候，不同学科背景的研究者由于他们的不同学术视角而体现出不同的理论倾向。有论者指出，“本应是主角的经济学家们由于研究文化产业机会成本过高而无暇顾及，文化学家则局限于文本研究的学科传统而难以进行规范的产业分析，传媒学对于文化产业的核心

领域的研究比较专业，但是仍然有视野狭窄的问题”。[①]但是，由于文化产业本身具有多学科交叉和综合的特点，这种不同学科的广泛参与性实际上也是符合文化产业研究规律的。例如，冯子标和焦斌龙撰写的《分工、比较优势与文化产业发展》（商务印书馆）一书就建立了一个文化产业的经济学分析框架，对文化产业进行经济学基础理论层面的研究，探索文化产业发展与运行的内在规律。这一框架就是分工——市场——贸易。其基本逻辑是：社会分工的演化，推动物质生产力发展，释放文化生产力，文化消费启动，文化市场形成，文化产业兴起，各地依托各自的比较优势，形成文化产业的分工体系；随着文化产业规模扩张，产业内部分工进一步细化，促进文化市场扩张，推动文化贸易发展；文化贸易的发展将文化产业纳入国际产业分工格局；国际产业分工的演进推动国际文化市场和文化贸易的发展。[②]不管是哪一种学术理论视角或是学科背景，它们对文化产业的理论研究都是具有建构性意义的。作为正在不断发展、逐步成熟的一门学科，文化产业的学科理论建构都需要不同学科理论的支撑，只有这样，文化产业研究的理论品格才会在多种学科理论的交流与碰撞中形成，文化产业研究的理性深度才能够得到拓展与保障。

任何研究都会烙下研究者的学术背景的烙印。从学科背景的角度来看，我们可能在这样两个方面具有优势：第一是民族文化。我们一直以来都在关注民族非物质文化遗产的保护现状，关注少数民族文化艺术的生存状态与发展轨迹，关注边疆民族地区民族文化旅游产业的市场推进，而且还积极投身于这方面的田野

---

① 刘好光：《文化产业理论研究明显滞后》，载《中国教育报》2007年3月8日。

② 卫兴华：《简评〈分工、比较优势与文化产业发展〉》，载《光明日报》2007年2月2日。

调查和课题研究。第二是传媒产业。实际上，我们最早的研究就是从传媒的角度开始的，特别是集中关注影视产业的发展——研究电视剧市场，建构电视剧市场体系，探讨电视剧的市场运作；[①] 研究电影产业，探索民族电影的产业化，聚焦云南电影的可持续发展；研究与拍摄纪录片，探索影视创作与受众接受的契合点，致力于民族文化资源向影视作品的转化。这些传媒产业研究的论题既有实践的基础，也有理论的建构。笔者在文化产业领域的辛勤耕耘，也为保山文化产业的研究奠定了一定的理论和实践基础。

由于上述研究实践的影响，也为了开拓文化产业研究的新的发展空间，我们的研究力求坚持理论与实践相结合的原则，把服务保山地方经济文化的发展作为研究的立足点，以树立文化产业的地域性特色为目标，积极推进建立在理论基础之上的案例研究。我们知道，对文化产业的研究，不能采取通常的道路，像别人一样去研究文化产业的概念、要素、运行、共性与特点等，而是要走自己的道路，突出地方文化产业的地域性特色，着重于将民族文化资源转化为旅游产品的民族文化旅游产业研究，着重于民族文化资源服务于新农村建设的农村文化建设研究，着重于提升民族文化旅游品牌内涵和扩张民族文化旅游品牌内在影响力的文化产业研究，最终达到建构起具有地域性特色的文化产业学。尽管我们聚焦于保山市的文化产业建设，但是我们也力求建构出具有一定参考价值的理论，让读者在实践与理论的感知中获得一些具有一定深度的理性认识。

保山文化产业研究可能没有一眼就能够看得出来的理论系统，比较明显的是单个案例的分析与论述。我们并不否认这种看法，案例研究的确是保山文化产业研究的特色之一。而且，案例

① 魏国彬：《电视剧市场体系研究》，云南大学出版社 2007 年。

研究又是以单篇论文的形式进行撰述，给人的感觉就是没有理论系统性的大杂烩。形成这种形式，是一种无为而为的结果。由于我们的研究立足点是服务保山地方经济文化的发展，所以我们想做的就是解决一些实践或实际问题。譬如说保山河图镇顺龙寺，它究竟有没有开发成旅游景点的价值，这在旅游产业开发中是很实际的问题。在对旅游景点进行开发之前，开发商首先要有一个明确的价值判断。对于保山文化产业发展为何停滞不前，在进行文化产业决策之前，管理者需要对保山文化产业发展现状有一个全面地了解，必须弄清楚停滞不前的原因，及应该朝哪一个方向努力等。以解决实际问题为目标进行研究，发现一个解决一个，这必然会影响研究的理论系统性。但是，这种做法在实践上却有着极强的指导性，有利于更好地服务于保山文化产业发展的实际，有利于保山文化产业的实际运行操作。应该说，这也是保山文化产业研究的独特品格。

另外，学术理论创新也是保山文化产业研究的努力方向。在研究实际问题的过程中，我们以相关的学术理论来审视地方文化或文化产业现实，论述时注重结合现象探讨具有本质规律性的东西，并建构起具有一定学术意味的理论，如学科研究对象的知识镜理论、宏观系统的文化产业层次体系论、民族文化博弈论、地方文化形象体系整体营销论、旅游产业辐射功能理论、宗教文物保护责任管理模式理论等。这些理论也都受到了社会的肯定。不过，这些理论还不是很成熟，还有待进一步深入研究和理论系统化。

四、多维视角：保山文化产业研究的理论框架

作为目前社科学术界研究的热点学科，文化产业学已经是一个具有很高研究聚集度的研究领域。要想开辟文化产业研究的新领域，实非易事。追求理论系统性，我们不具有优势，也难以超

越那些有关基本规律与基本特点的文化产业研究。但是，发挥地域优势，解决实际问题，指导地方文化产业的发展，它们却难以达到与我们同等的理论指导效果。基于这样的认识，保山文化产业研究立足于研究对象的地域性，力求建构起与地方文化产业实践相适应的宏观系统的文化产业学理论框架。

对于文化产业的研究，大多数文化产业学者都是立足于文化产业本身，探讨文化产业的历史进程、发展条件、运行机制、政策取向、产业组织、产业战略等，以文化产业发展的内在规律为主线，以文化产业系统的互动格局为框架，进而建构文化产业理论体系。① 从我们的角度来看，这种立足于文化产业发展内在规律的文化产业理论体系应该是一种本位主义的文化产业理论，是一种便于理论提炼的，建立在抽象化学术研究策略基础之上的文化产业理论。这种本位主义的文化产业理论更多地体现出一种产业经济性倾向。对于建构文化产业学的基础理论来说，这种研究策略是必不可少的，而且还有很重要的现实意义，因为这种研究策略能够加快文化产业学学科理论的成熟步伐。

我们也看到，本位主义的文化产业理论体系具有很强的理论系统性。它把文化产业本身看做一个大系统，然后把文化产业所涉及的各种要素作为展开的小系统进行探讨，进而建构出文化产业的整体理论来。实际上，文化产业并不是一个孤立的系统，它也可以看做是整个社会系统的一个小系统，它也会和其他的小系统发生各种各样的联系，在与其他小系统的互动中共同发展，互存互荣。就以文化活动而言，文化也是由文化事业和文化产业两部分组成。单纯从文化产业本身来研究文化产业，我们的文化产业理论可能就会显得有点狭小，也难以体现出作为大文化观视野

---

① 刘吉发、陈怀平：《文化产业学导论》，经济管理出版社 2005 年；胡惠林：《文化产业学：现代文化产业理论与政策》，上海文艺出版社 2006 年。

下的一个重要组成部分的文化产业发展的复杂性。基于大文化观的认识，我们力求以多维视角来审视保山文化产业。为此，我们首先建构起以大文化观为理论基础的文化产业学科理论框架，然后再在这个框架的基础之上对保山文化产业进行研究。

宏观系统的文化产业学理论把文化产业看成社会整体大系统的一部分，文化产业与社会的其他部分相互影响、相互促进。而且，作为社会整体大系统的一个重要组成部分，大文化子系统又由文化事业和文化产业共同组成。在整个社会大系统中，文化事业和文化产业具有最为紧密地联系，相互促进的作用最为明显，它们之间是一种互利共存的关系。在文化事业当中，文化研究活动和文学创作活动对文化产业的支撑可能是比较明显的两个领域：文化研究活动可以为文化产业提供文化产业管理决策咨询、文化产业布局规划、文化产业战略建构、文化产业运作的可行性论证等；文学创作活动可以为文化产业发掘民族文化资源特色、开拓文化产业资源范围、提升文化产业品牌的内涵意蕴等。基于笔者的学科背景，我们把文学哲学、文化人类学和文化营销学作为审视文化产业学的学科视角，探寻它们对文化产业学的支撑关系。而且，我们还把文学哲学、文化人类学和文化营销学看成是建立在文化事业基础之上的学科理论，它们是文化研究活动和文学创作活动的理论反映。我们还从学科理论的视角来研究文化事业与文化产业之间的关系，探寻文化产业的支撑体系，并力求以案例研究的方式展示学科理论在文化产业发展中的实践意义，进而在此基础之上建构其文化产业学理论框架。其学科视角的具体关系如下：

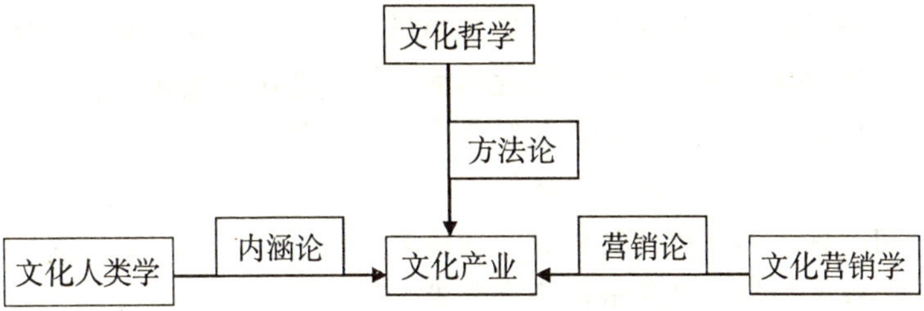

宏观系统的文化产业理论体系示意图

保山文化产业研究的理论层次体系，虽然从文章内容的角度很难一眼看出来，但是我们在学术理论的建构上还是力求避免纯粹性的案例研究，而是将案例研究与理论系统结合起来，以理论系统为纵向脉络，以学科视角的案例研究为横向剖面，组织成一个具有营销传播学意味的实践性理论框架。从大文化产业的整个市场运作过程看，文化人类学主要立足于文化资源的发掘，为建构文化产业提供可行性分析，提升文化产品的内涵意蕴，是文化产品市场开发运作的先导环节；文化产业学则处于市场运作过程的中心，承担文化商品与文化企业的市场开发与管理责任；文化营销学则是建立在搞好文化商品与文化企业的基础之后非文化企业进行的营销，它属于文化产业整个市场运作过程的下游环节。从宏观系统论文化产业理论体系来看，以文化哲学、文化人类学和文化营销学为视角的研究属于文化产业研究的支撑体系，以本位文化产业学为视角的研究则属于文化产业研究的主体内容。本书的编排体系就是按照这样的理论框架来组织的。

第一部分是从文化哲学视角进行研究。首先是从学科的建构阐述了怎样研究保山文化产业，并以民族传播学为例进行具体的论述；其次是从系统论的角度分析文化产业的可持续发展，在宏观层次上探讨怎样促进保山文化的发展。这一部分主要是解决研究保山文化产业的方法论问题。

第二部分是从文化人类学视角进行研究。主要以案例研究的办法探寻保山文化遗产的文化内涵，为打造保山文化产业品牌奠定理论基础。这一部分的几篇文章基本上都是立足于民族文化的博弈与变迁来剖析的，具体探讨了哀牢犁耙会的历史变迁与发展方向，保山河图镇河村顺龙寺的历史文化价值，汉族文化的移民历史及其与哀牢文化的博弈进程等。

第三部分是从文化营销学视角进行研究。主要是对保山文化营销实践案例的研究。一种是文化书籍的营销，通过对熊清华先生的三本文化书籍和另外两本有关文化遗产的书籍进行文化营销学的解读，指出打造文化产业必须依靠文化营销的观点，建构出地方文化形象体系的整体营销策略。而且，通过身体力行，探讨如何进行文化产业营销实践，建构保山市的文化产业营销战略。

第四部分是从文化产业学视角进行研究。主要是对保山文化产业进行本位研究。这一部分又分为三块，即农村文化产业、寺庙文化产业和综合性文化产业。农村文化产业的研究结合目前的新农村建设，形象地勾勒了新农村的文化建设，分析了发展文化产业与新农村建设的关系，深入探讨了本地乡村旅游的发展现状和对策，全面审视了本地农家乐的产业发展和科学对策。寺庙文化遗产研究则主要调查了寺庙文化遗产的生存状态，探讨了寺庙文化遗产的保护与产业开发对策。综合性文化产业研究则是从宏观的角度分析了文化资源结构、文化消费市场、地缘交通优势与文化产业的战略关系，梳理了保山市文化产业的发展特点，探究了制约可持续发展的因素，建构了文化产业的具体对策，立足于少数民族传统文化资源，研究了开发文化产业的途径等。

另外，每一部分都链接了相关的案例或论述，其目的是跳出地方视点的局限性，将保山放置到一个更大的比较范围中，开拓保山文化产业研究的视野，增强保山文化产业研究的开放性，凸显保山文化产业发展的不足之处，以获得更多有关发展保山文化产业的借鉴意义。由于这些内容非作者所写，在编入本书时，我们力求采取一定的形式与正文相区别。

总之，瞄准保山文化产业发展实际，探讨发展对策，将理论研究与文化产业实践探索结合起来，突破侧重于历史考古的保山文化研究倾向，开拓保山文化研究的新领域，这是保山文化产业研究的总体追求。但愿我们的研究努力能够为推进保山社会经济的快速发展起到一点作用！

第一部分　文化哲学

知识镜、研究对象与学科界定

摘　要：学科研究以研究主体、研究客体和研究方法这三个因素组成。作为特殊层次的研究客体，研究对象是学科分化的区别标志，因而也是学科研究的落脚点。我们把在学科研究中聚焦于特定研究对象及其特定方面的认识选择机制叫知识镜。研究者对知识镜的打磨是学科研究成熟的关键，知识镜的形成标志着学科的成熟。

关键词：知识镜　研究对象　学科界定

一、研究对象：不同学科与区别标志

鲁迅在《〈降花洞主〉小引》一文中说道："谁是作者和续者姑且勿论，单是命意，就因读者的眼光而有种种的不同：经学家看见《易》，道学家看见淫，才子看见缠绵，革命家看见排满，流言家看见宫闱秘事……"① 鲁迅的这段话至少揭示了这样一个现象：同一个阅读对象——《红楼梦》，却有许多种阅读结果，即一千个读者就有一千个哈姆雷特。那么，为什么同一个对象会有不同的观点呢？

如果以同样的眼光来审视学科研究，我们会发现，类似的现象也并不鲜见。同一个研究对象，不同的研究者会形成不同的学科观点，建构起不同的学科体系。例如，以人为研究对象，目前就形成了心理学、人类学和有人学之称的文学等学科。

① 鲁迅：《汉文学史纲》，上海古籍出版社 2005 年，第 75 页。

从目前的学科界定来看，以研究对象作为界定基础，以此来区别不同的学科，这种做法在学科研究中比较普遍。郭庆光在建构传播学定义时就说道："一门相对独立的学科，必须要有相对独立的研究对象。边缘学科由于与多种学科有着千丝万缕的联系，更有必要明确规定自己的对象。规定一门学科的对象应该遵循的原则是必须概括学科的实质，体现学科的基本理论框架，显示与相邻学科的联系与区别，简明扼要地为学习这门学问的人提供一个观察和思考的出发点。"① 正如毛泽东所说："科学研究的区分，就是根据科学对象所具有的特殊的矛盾性。因此，对于某一现象的领域所特有的某一种矛盾的研究，就构成某一门科学的对象。"② 由此可见，研究对象通常都被看做学科区别的标志。

那么，为什么研究对象可以作为区别学科的标志呢？既然是学科区别的标志，为什么同一个研究对象又会形成不同的研究学科呢？这似乎显得有点矛盾。对于一个严谨的研究者而言，这样的问题经常会成为学科研究中一道难以跨越的坎。

二、实践论：研究对象的哲学基础

马克思主义实践论认为，实践以人为主体，以客观事物为对象，把人的目的、能力等本质力量对象化为客观实在，创造出一个属人的对象世界。在实践的基本形式中，科学实验属于精神文化创造实践，是专门为认识世界而进行的探索性活动。马克思主义实践论表明，主体和对象是实践的两大范畴，对象世界是主体对象化的产物，是实践的物质形式，因而以对象为区别实践类型的标志就可以将主体和对象的相互作用与关系统一起来。

对象世界是如此复杂，如何确定某一个对象为学科对象，确

---

① 郭庆光：《传播学教程》，中国人民大学出版社 1999 年，第 6 页。

② 毛泽东：《毛泽东选集》第 1 卷，人民出版社 1966 年，第 284 页。

实存在界定困难。有学者就对学科研究的对象界定作过探索。著名社会学者郑杭生在论述社会学的研究对象时就认为，“社会学学科的层次结构大体由下述三个层次组成：第一，社会学基本问题层次，即学科的‘元问题’层次，也即作为社会学与哲学联结点的社会哲学层次；第二，社会学对象问题层次，即学科的本问题中的总问题层次，也即作为综合性具体科学的社会学层次；第三，社会学范畴问题层次，即学科的‘本问题’中的分问题层次，也即作为社会学历史地形成的概念内容的层次。这三个层次的关系，事实上是一般、特殊和个别的关系，或者说，一般性、特殊性和个别性的关系”①。郑杭生教授从社会学的学科层次结构来考察社会学的对象问题，进而析出对象的一般、特殊和个别的关系。这种做法有值得商榷之处。因为学科层次结构与研究对象之间的关系是一种什么关系就值得重新反思。如果是因果关系的话，何为因何为果就关系到立论的基础问题。如果研究对象是因，学科层次结构是果，郑杭生教授的这种分析方法就有点循环论证的意味了。

不过，郑杭生教授提出的一般、特殊和个别的关系的思路还是有借鉴意义的，只是要还原到哲学思维方法上去。根据马克思主义实践论，我们可以把学科研究按哲学思维方法划分为三个层次，即一般、特殊和个别。从一般层次来看，学科研究由研究主体、研究对象和研究方法（研究主体与研究对象之间的作用方式）构成；从特殊层次看，学科研究由研究者、特定研究对象和方法论构成；从个别层次来看，学科研究由某个具体的人、特定研究对象的特定方面和具体方法构成。正如郑杭生教授所指出

---

① 郑杭生主编：《社会学概论新修》，中国人民大学出版社2003年，第13页。

的，学科定义应该建立在特殊层次这一研究层次上。① 但是，在研究对象的形成上，我们应该结合学科研究的三个层次，由个别上升到一般。

从个别层次来看，承担研究工作的总是某个具体的人。作为研究者，他们会体现出许多不同的特点。特定研究对象的特定方面主要是已经进入某个具体的研究者的视野的研究对象的一部分，我们称之为研究视阈。具体方法则是方法论在具体研究工作中的运用，它由具体研究者的已有知识结构决定。从特殊层次来看，研究者就是由许多具体研究者构成的一个研究群体。研究对象则是由许多研究视阈（不同研究者的研究视阈可能会重合）构成的一个有机整体，方法论则是许多已运用的具体方法的抽象整合。在一般层次，学科只具有学科思维框架，其他学科也可能会具有相同的学科思维框架，因而与其他学科难以区别。特殊层次是一般与个别的中间环节，它已由学科思维框架演变为具有一定内容的学科，研究对象也已经从纷繁的客观世界分化出来，因而学科研究具有对应的研究对象，指向性更为明显。个别层次则是学科研究的具体落实，它不存在研究者与研究者的比较，也不存在研究对象与研究对象之间的比较。但是，正是个别层次的学科研究，特殊层次才有比较概括的基础。特殊层次的研究活动是学科的体现形式，学科的研究对象以研究者的共识为基础；个别层次的研究活动是学科的实践形式，学科的研究对象以研究者的知识镜为基础。特殊层次的研究活动又以个别层次的研究活动为基础。

---

① 陈先达主编：《马克思主义哲学原理》，中国人民大学出版社 2004 年，第 13 ~15 页。

表一：学科研究结构与研究层次

研究层次	性　质	主　体	作用方式	客　体	作　用
一般	宏观	研究主体	研究方法	研究客体	学科思维框架
特殊	中观	研究群体	方法论	研究对象	比较概括区别
个别	微观	具体研究者	具体方法	研究视阈	分化清晰研究对象

学科研究以研究主体、研究客体和研究方法三个因素组成。作为特殊层次的研究客体，研究对象是学科区别分化的标志，因而也是学科研究的落脚点。根据学科研究的侧重点的不同，我们可以把学科研究分为研究本身和研究对象两个层次。研究本身主要是研究学科研究过程及其相关理论，例如学科学术史等；研究对象主要是研究对象活动的规律，建构学科理论体系，例如传播学概论等。学科研究首先是清晰研究对象，界定学科定义，然后才是建构学科体系，深化学科内容。这是由个别、特殊到一般，又从一般到特殊、个别的哲学认识规律决定的。

三、知识镜与研究对象

认识的本质是在实践基础上主体对客体的能动反映。“主体认识客体就是主体通过一定的手段从客体中获取信息，并经过加工、改造，即信息变换，使之在主体头脑中建构出一个与客体具有同构异质关系的观念系统的过程。”让皮亚杰的认识发生论指出，主体对客体的能动反映是借助中间物——知觉——实现的。知觉是怎样实现认识的呢？这主要是借助于人所特有的认识选择机制。

选择是研究主体由其自身的需要和客观条件决定的，只反映研究对象的某些特征（指向性）而不反映它的其余特性（排斥性）的一种认识机制。“思维运作的选择性表现了思维活动的指向性。主体通过自己的感官，每时每刻都在接受大量的信息，即使对同一对象而言，也有众多的信息传入大脑。但是，主体在一定时期有自己的思维定式或兴奋中心，只有通过舍弃一些信息，保留一些信息，才能形成对特定对象或特定对象某一方面的认识。”① 这就像摄像镜头，研究者和摄像镜头的位置固定，外界物体通过镜头总会形成一个特定的物像。这个特定的物像的状况是由研究者和镜头的位置决定的。在这里，镜头就存在一个选择的问题，只选择了外界物体的一部分，其他部分就被排除掉了。在学科研究中，当研究主体与研究对象之间发生作用时，由于研究者的生活经验、学习经历和学科兴趣综合作用形成的已有知识结构的先天性，在认识研究对象的过程中也存在一种选择作用，即与已有知识结构相关的就予以通过，不相关的就排斥掉，这就使得研究者在学科研究中总是聚焦于指向已有知识结构的研究对象。我们把在学科研究中聚焦于特定研究对象及其特定方面的认识选择机制叫知识镜。所以，由于研究需要和研究者的客观条件不同，针对相同的研究对象，不同的研究者会得到不同的认识。

知识镜发挥作用主要取决于以下几个因素：第一，知识镜的位置。它主要是指学科研究的立足点，或者说研究主体的研究需要。第二，知识镜的精度。它主要是指研究者对相对于研究需要的学科知识的精通程度。第三，知识镜的孔径。它主要是指研究者的已有知识的广泛性。知识镜的位置决定了知识镜聚焦研究对象的点（方面）；知识镜的精度决定了知识镜成像的清晰度，即研究对象的清晰度；知识镜的孔径决定了研究对象与知识镜的相关性。当研究者找到或意识到自己的知识镜之后，研究者就会在自己的知识镜里面看到自己将要建构的学科及其学科对象。

---

① 张江华、李德君、陈景源、杨光海、庞涛、李桐：《影视人类学概论》，社会科学文献出版社 2000 年，第 163 页。

“一门新学科要真正确立起来，除了要有自己特殊的研究对象以外，还必须要有针对这个对象所进行的一定广度和一定深度的研究，有自己的理论建树。”① 实际上，研究对象也是在理论研究的过程中才逐步清晰起来的，而理论研究又必须建立在学科实践和理论研究活动的基础之上。所以，知识镜的形成取决于两个条件：第一，学科知识的实践积累和理论系统化。如果没有一定的学科知识，或者说相关的学科知识还很少，比较零散，还处在原生态的实践无序状态，知识的积累程度就难以唤起研究者的学科研究意识。知识的积累程度主要取决于学科的对象活动，即学科实践。随着学科实践的丰富化和长期化，学科知识也就随之发展起来，当学科知识的不断积累唤起研究者的学科研究意识之后，这也就表明学科理论系统化的时机已经成熟。有了清晰的学科研究意识，知识镜的形成也就为时不远了。第二，研究者与研究对象的实践互动程度。学科知识的实践积累和理论系统化程度还是一种客观无为的状态，相对于学科研究来说，它只是一种客观条件。要将这种客观条件转化为学科研究意识，它还必须要有研究者参与进来，让研究者与研究对象发生互动，在实践中让学科知识与研究对象发生作用，进而激发研究者的学科意识。在满足这两个条件的情况下，研究者的知识镜也就不难形成了。当学科研究意识由自由达到自觉程度时，研究者的知识镜也就产生了，其标志就是学科定义的界定。

知识镜与研究对象之间的位置关系决定了研究者的研究视角。因为知识镜实际上就相当于研究者手里的一台摄像机，摄像机的立足点不同，镜头的视角也就不同。在学科研究层次上，根据知识镜与研究对象在学科知识上是否具有一致性，研究视角可以分

---

① 张江华、李德君、陈景源、杨光海、庞涛、李桐：《影视人类学概论》，社会科学文献出版社，2000年，第6页。

为主位视角和客位视角。主位视角是研究者站在研究对象的位置上来设身处地地研究。以这种以主位视角进行研究就是主位研究。客位视角是研究者站在研究对象之外的立足点来研究。以客位视角进行研究就是客位研究。在学科研究的对象层次上，根据活动者与研究对象是否具有相同的领域，对象的活动方向可以分为内向与外向。内向活动是活动者与研究对象处于相同活动领域，外向活动则是研究对象与领域之外的活动者互相活动。

不同的研究者由于学习经历、生活阅历和学科兴趣等客观条件的不同，他们在面对相同的研究对象时，尽管知识镜可能具有类似的性质，但是他们所使用的知识镜都会表现出不同的特点，因而会形成不同的研究视阈。这是因为学科界定的基础在微观层次上是研究视阈，而在中观层次上是研究对象。研究对象是一种客观存在，而研究视阈则是一种主观认识。客观存在总是相同的，而主观认识却不可能相同。在学科界定时，这就会导致同一研究对象却存在不同的学科界定。

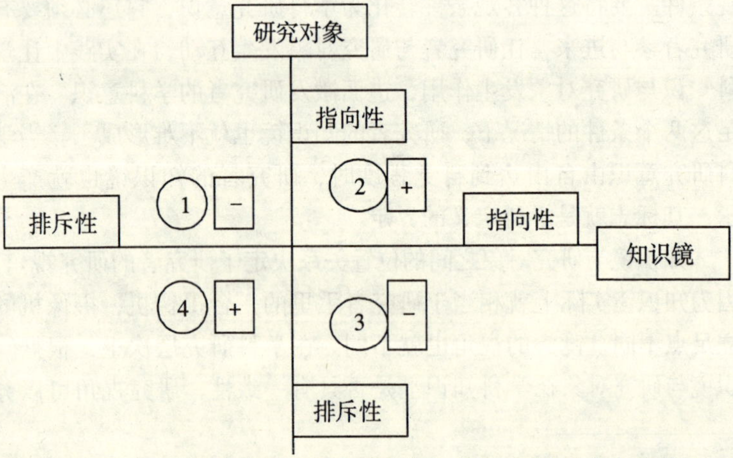

注：+表示主位与内向；−表示客位与外向，圈内数字表示象限

图一：视角与研究对象的关系

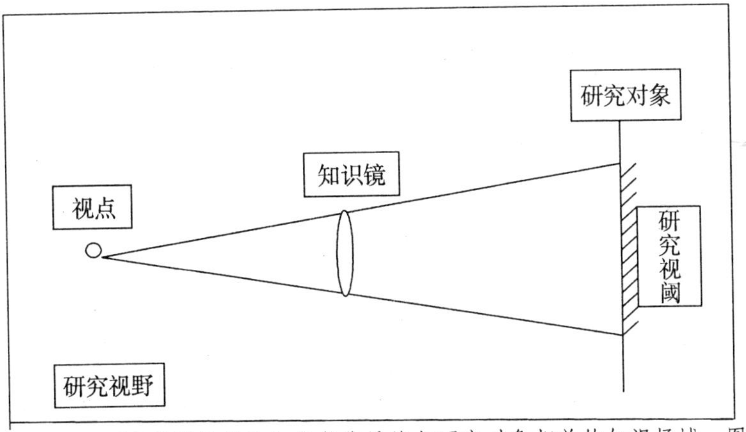

注：研究视野是指作为参考背景的与研究对象相关的知识场域，图中的长方形背景即为研究视野。

图二：研究对象与研究视阈的区别

用整体代替部分，用研究对象来指称研究视阈，这是研究对象作为区别标志和学科界定的矛盾所在。在学科研究中，只有用研究视阈来代替研究对象，这样才符合语言逻辑规律——部分代替整体，才会免除这样的矛盾。但是，语言的习惯性一时又难以改变，用研究对象来指称研究视阈也就不可避免。

四、民族传播学的学科界定

实践论告诉我们，学科研究由研究主体、研究对象和研究方法三大因素构成。与此相对应，民族传播研究也具有这三个因素。在这样的学科思维框架中，我们的落脚点在研究的个别层次上：研究者为笔者，研究对象为传播，知识镜的立足点为民族学。

根据知识镜的选择功能，我们规定知识镜的指向性为少数民族，即凡是与少数民族相关的就框在知识镜之内；知识镜的排斥性为非少数民族，即凡是与少数民族不相关的就排斥在知识镜之外。因此研究对象的范围可以用下表表示：

表二：知识镜与研究对象的确定

少数民族研究对象	知识镜	非少数民族研究对象
√	少数民族	√
√	非少数民族	×

从学科研究的对象层次看，传播是民族传播学的研究对象。但是传播是一个很大的范畴，需要通过知识镜来选择。根据上面描述的知识镜，研究对象中的研究视阈就如下表所示：

表三：知识镜与活动对象的确定

少数民族传播活动	知识镜	非少数民族传播活动
√	少数民族	√
√	非少数民族	×

根据上述分析，以民族学为立足点的知识镜的选择功能决定了研究对象的范围，形成了少数民族相关的研究视阈。民族传播学的研究视阈就是与少数民族相关的传播及其研究活动，其学科界定就是：民族传播学是研究与少数民族相关的传播及其研究活动，揭示其特殊传播规律的一门交叉学科。

同样，用知识镜理论也可以合理的解释鲁迅先生的那句话。尽管阅读者同样都是面对《红楼梦》，但是不同的阅读者所使用的知识镜不同：经学家的知识镜易学味较浓，所以选择的才是

《易经》；道学家的知识镜道学特点明显，所以框定的才是淫；才子的知识镜纯情色彩鲜明，所以看见的才是缠绵……

在学科研究中，具体研究者的知识镜决定了研究视阈，不同研究者的研究视阈相重合的部分构成学科的研究对象，而清晰的研究对象则是学科界定的基础和学科分化的区别标志。研究者对知识镜的打磨是学科研究成熟的关键。知识镜的形成标志着学科的成熟。总之，掌握了学科理论研究的方法，我们民族地区的社科研究才会有超越。

论文化产业的可持续发展[①]

摘　要：根据系统论，文化产业具有结构层次性，即单位层、产业层和系统层。每一个层次在产业发展中的功能和地位各不相同。产业发展有四种方式，即积累式、并购式、连锁式与合作式，主要是基于单位的资本扩张来实现的。促进文化产业的可持续发展，关键是要坚持系统论方法，全面考虑文化产业的结构层次与功能，采取恰当的发展方式，实现文化产业自身的全面发展。

关键词：文化产业　结构层次　功能　发展方式　可持续发展

进入21世纪以来，文化产业研究已经成为热点课题，文化产业学也开始取得独立的学科地位，取得了非凡的研究成果。这是当今社会经济发展的必然要求。反思近几年的文化产业研究，我们认为这两个特点比较明显：一是对文化产业的宏观研究比较多，这主要体现为文化产业报告之类的成果。二是文化产业的微观研究也不少，主要以文化产业运作案例来显示产业发展成果与市场运作机制。因此，我们试图以系统论为视角，将宏观与微观结合起来，从层次互动的立场审视文化产业的可持续发展，以期实现对传统文化产业研究的突破。

---

① 本文为首届保山市哲学社会科学研究基金课题“保山市文化产业可持续发展的瓶颈及其对策”研究的阶段性成果，发表时有删节。

一、系统论与文化产业的层次

1968 年，德国科学家冯·伯特兰菲发表了《一般的系统理论：基础、发展和应用》，标志着系统论思想的正式确立。系统论认为，“系统由彼此相互依赖地关联在一起的一套套元件构成，它们共同致力于整体的全部目标。一个系统是部分的集合，这些部分一起发挥作用，以便完成一套套目标”。[①] 这之后，系统论就开始广泛地运用于各种学术领域。在《生命系统》一书中，J. G. 米勒就依据系统论建立了各种层次的系统，即“细胞—个体—群体—组织—国家—世界。这些层次中的每一个层次上的系统都可以通过使用系统思维的概念和工具来得到分析”。[②]

控制论、信息论和系统论是 20 世纪 40 ~ 60 年代最为出名和最有影响力的三大基础理论。和控制论、信息论相比，系统论的哲学色彩更浓，它是为了克服孤立地或笼统地分析问题而提出来的，是一种立足于微观要素的宏观系统的研究方法，它给我们提供了一种辩证的思维方式。冯·伯特兰菲就曾批评过以往的分析研究，指出：“科学的唯一目的似乎是分析，即将现实分离成越来越小的单位，并将个别的因果链条孤立开来。”[③] 我们以系统论为研究视角，也就是基于这样的方法论基础。

作为经济学的一个新兴学科，文化产业研究受经济学理论影响显然很大。1933 年，挪威经济学家雷格勒·弗里希“在一篇向古斯塔夫·卡塞尔表示敬意的论文中，分别用‘微观动态’

① 〔美〕E. M. 罗杰斯著，殷晓蓉译：《传播学史：一种传记式的方法》，上海译文出版社 2001 年，第 430 页。

② 〔美〕E. M. 罗杰斯著，殷晓蓉译：《传播学史：一种传记式的方法》，上海译文出版社 2001 年，第 432 页。

③ 〔美〕E. M. 罗杰斯著，殷晓蓉译：《传播学史：一种传记式的方法》，上海译文出版社 2001 年，第 451 页。

和‘宏观动态’这样两个词概括对个体行为和总体行为的分析”。[①] 这是经济学最早的分层次研究。受此影响，后来的经济学理论就把经济学分为宏观经济学和微观经济学。这种两分法，难以揭示经济系统的制约机制，因而也难以解释产业的可持续发展。文化产业的宏观与微观研究应该是建立在这种经济学理论影响的基础之上的，这势必会制约文化产业可持续发展的系统建构。

文化产业实际上也是一个产业要素系统，它是由一个个企业或事业单位（产业要素）彼此相互依赖而构成的。它具有一定的结构层次性：企事业单位之间的关系存在状态形成结构，结构在不同的对象层面形成层次。法国著名社会学家布尔迪厄在他的发生结构主义理论中就曾力图对个体、群体和社会这三种对象的发生加以描述、分析和说明。[②] 参照布尔迪厄的发生结构主义三种对象理论，文化产业也可以分为三个层次，即以企事业单位的个体行为为研究对象的微观单位层、以企事业单位的总体行为为研究对象的中观产业层和以企事业单位的个体行为与总体行为联系在一起的系统行为为研究对象的宏观系统层。文化产业的发展就是由这三个层面的相互联系与作用互动推动的。

二、文化产业的系统功能

系统、结构与功能不可分开，它们都是系统论的重要概念。作为英国现代社会人类学创始人之一的拉德克利夫－布朗就曾经认为，社会是一个整体，或者说任何文化都构成了一个功能统一体或系统。社会结构是指“在由制度即社会上已确定的行为规

① 〔美〕哈尔·R. 范里安著，费方域等译：《微观经济学：现代观点》，上海三联书店、上海人民出版社 1994 年，第 4 页。

② 侯钧生主编：《西方社会学理论教程》，南开大学出版社 2001 年，第 361 页。

范或模式所规定或支配的关系中人的不断配置组合”[①]，实际上也就是在社会制度化的角色和关系中的人员配置。所谓规定的功能是指一个局部的行为对其总体行为的贡献，即对整体社会生活所作的贡献。

系统研究是一种功能分析方法，它的重点是分析社会事实发挥的功能而不是解释社会事实（或现象），这与经济学的物质需要满足论具有紧密的联系性和一致性。社会学家迪尔凯姆就曾经指出：“对于事实的解释，仅说明它所发生的原因是不够的。至少在多数情况下，我们还必须说明它在社会秩序的确立过程中所具有的功能。”[②] 他还指出，应该先研究社会事实的原因，再分析其功能，这是符合事物本身发展的分析规律的。

从系统论来看，文化产业的三个层面，即个体层、群体层和社会层，是以结构的形式存在的。结构要素是每一种结构的形式标志：单位层的结构要素是单位个体，产业层的结构要素是产业（单位总体），系统层的结构要素是单位和产业相互作用形成的统一系统（表现为政府的产业主管部门）。这三个层次是包含式递进关系，即由单位之间的关系构成产业，由单位与单位、产业与产业、单位和产业之间的关系构成产业系统。单位与单位、产业与产业、单位和产业之间的关系互动是文化产业发挥功能的机制基础。文化产业发挥功能的过程实际上也就是文化产业的发展过程。建立在文化产业层次上的功能分析对于我们认清文化产业的发展机制显然比较关键，它应该是发展文化产业的理论基础。

文化产业的各层结构具有不同的功能。在文化产业上，微观

---

① 〔英〕A. R. 拉德克利夫－布朗，夏建中译：《社会人类学方法》，山东人民出版社 1988 年，第 148 页。

② E. Durkheim. *The Rules of Sociological Method.* New York：The Free Press，1966：p. 97.

结构层面的企事业单位对社会经济生活的贡献特别是对文化产业的功能应该是文化产业发展研究的关键。企事业生产产品和提供服务以满足人们的日常生活需要，这是企事业单位的基本功能。在中观结构层面上，产业群体的主要功能是通过并购、连锁、合作等资本扩张方式实现促进产业经济规模的增长。在宏观结构层面上，产业系统的功能主要是协调单位与单位、产业与产业、单位和产业之间的关系，使单位和产业能够维持正常的运转，保证其生存与发展所必需的良好的外部环境。在文化产业的发展中，企事业单位处于基础地位，产业群体则是发展的主体，政府的产业主管部门则占据辅助地位。弄清系统层次的功能与地位，是处理文化产业发展问题的基本立足点。

表一：文化产业的层次与功能

产业对象	个体层	群体层	社会层
产业要素	单位	产业（单位总体）	系统（政府主管部门）
产业层次	微观	中观	宏观
产业功能	生产商品	扩张经济规模	协调单位、产业关系
产业重点	产品	资本	政策
产业地位	基础	主体	辅助

文化产业的经济效益主要是建立在单位微观层面和产业中观层面的基础上的，宏观层面的系统协调是以服务于单位和产业的经济活动为根本目的的。单位和产业能够取得经济效益，文化产业就能够得到发展。因此，文化产业市场运作的立足点就是单位和产业的经济活动，发展文化产业的根本也就在于如何提高单位和产业的经济效益，推动其经济规模的增长。抓住单位和产业的

功能这个核心，全面协调文化产业系统的发展，应该是解决文化产业可持续发展的突破口。

三、文化产业的发展方式

文化产业的发展机制是指单位与单位、产业与产业、单位和产业之间在经济交往互动中制约、转化和促进其发挥功能的各种关系。其中，发展方式是文化产业发展机制的关键，它既具有战略意义又具有战术价值。文化产业的发展方式包括单位和产业的规模化、单位怎样转化为产业、产业的增长方式等。文化产业的发展方式主要有：

1. 积累式发展。没有积累，就没有投入，没有投入，就没有回报。企业生产利润转化为资本，即生产利润的资本化。企业把生产利润的一部分用于企业分配（企业消费），另一部分转化为资本，用于购买扩大生产规模所需追加的生产资料和劳动力。因此，企业生产利润是资本积累的源泉，资本积累则是企业扩大再生产的前提条件。企业为了获得更多的生产利润，除了提高工人的生产效率之外，还必然增加资本量，以扩大生产的规模和经营的范围。特别是在市场竞争中，大资本总是处在有利的地位。为了在竞争中处于有利地位，保存自己，击败对手，企业必须不断地进行资本积累，扩大资本规模，在不断的资本积累中获得自身发展的。文化产业在开创初期都必须经历这种积累式发展方式，因为它是经济实体（企业单位）的发展中最为基本的一种发展方式。

2. 并购式发展。并购是兼并和收购的合称。兼并有两种方式，一种是吸收兼并，它“是指一家公司与另一家公司合并，其中一家继续存在而另一家消失，可概括为 A + B = A（B）。新设合并是指两家或多家公司合并，成立一家新公司，原有的公司都不再保留法律地位，可概括为 A + B = C。收购是指一家公司用现金、股票（股份）或债券等资产，购买另一家公司的股票（股份）或资产，以获得该公司控制权”。① 并购方式是基于单位与单位之间的关系的一种文化产业发展方式，这是因为并购能够提高效益形成协同效应，产生规模化的经济发展效果。效率理论认为，“企业并购对整个社会来说是具有潜在收益的，这主要体现在大公司管理层改进效率或形成协同效应上。所谓协同效应，指的是两个企业组成一个企业后，其产出比原先两个企业产出之和还要大，即所谓 1 + 1 > 2 的效益”。② 这对于具有优势企业的地区文化产业来说显然是一个比较可行的发展方式，因为通过横向并购的方式，地区文化产业能够以优带弱，“迅速扩大生产规模，便于在更大范围内提高水平，实现专业化分工协作，增强市场竞争力”。③

3. 连锁式发展。连锁式发展是指通过连锁经营的策略促进产业扩张和企业发展的一种方式。连锁经营是指经营同类商品或服务的若干个店铺以一定的形式组成一个联合体，在整体规划下进行专业化分工，并在分工基础上实施集中化管理，通过统一商品、统一价格、统一服务等，广泛布点，及时地最大限度地满足顾客所需的一种经营方式。连锁经营包括三种形式：直营连锁、特许经营（连锁加盟）和自由连锁。直营连锁是指连锁公司的店铺均由公司总部全资或控股开设，在总部的直接领导下统一经营。总部对各店铺实施人、财、物及商流、物流、信息流等方面的统一管理。直营连锁作为大资本运作，利用连锁组织集中管

① 李江宁、蔡忠杰主编：《企业改制与产权交易全程要略》，山东人民出版社 2006 年，第 168 页。

② 李江宁、蔡忠杰主编：《企业改制与产权交易全程要略》，山东人民出版社 2006 年，第 206 页。

③ 李江宁、蔡忠杰主编：《企业改制与产权交易全程要略》，山东人民出版社 2006 年，第 207 页。

理、分散销售的特点，能够充分发挥规模效应。特许经营是指特许者将自己所拥有的商标、商号、产品、专利和专有技术、经营模式等以特许经营合同的形式授予被特许者使用，被特许者按合同规定，在特许者统一的业务模式下从事经营活动，并向特许者支付相应的费用。自由连锁也称自愿连锁，连锁公司的店铺均为独立法人，各自的资产所有权关系不变，在公司总部的指导下共同经营。各成员店使用共同的店名，与总部签订有关购、销、宣传等方面的合同，并按合同开展经营活动。在合同规定的范围之外，各成员店可以自由活动。根据自愿原则，各成员店可自由加入连锁体系，也可自由退出。① 其中，特许经营是最为广泛的一种连锁经营方式，这是因为加盟企业在法律地位上具有独立性，开支和收入自主，企业资金和人员独立负责等。特许经营和单一独自经营相比有其独特的优势：对加盟店而言，特许经营能够在降低采购成本、销售成本、管理成本的同时提高企业的品牌形象和信誉，降低竞争风险，因此也取得较高的成功率——连锁经营已经在世界范围内被证明行之有效，超过 90% 的客户在加入连锁体系后获得了不同程度的成功。对总部而言，特许经营能够在减少资金和人力开拓市场的同时，有更多、更快的机会扩展其业务。连锁式发展目前还主要存在于商业领域，但是，它对文化产业也同样具有启示意义，无论是优势企业还是弱势企业，它们都可以通过连锁经营的策略实现企业的扩张和发展。

4. 合作式发展。在特定的前提下，组织的规模越大，成员和组织外个体作出违反组织成员共同意向或脱离组织等逆向选择的可能性就会下降，这是因为他们作出其他选择的成本大于收益或者是收益小于参与组织的收益。基于这样的心理竞争压力规律，企业就会展开合作，以避免合作之外的收益减损或两败俱

---

① 轶名：《什么是连锁经营》，中国专卖店网。

伤。不过，两个合作企业之间仍然存在着竞争，它们实现合作的深层基础是“承认并尊重企业利益诉求，在竞争中实现合作，在交换中达到互利，在讨价还价中实现共赢”。[①] 合作之所以是文化产业的一种发展方式，是因为合作能够使企事业单位避免发展中的竞争阻力和实现企业间的优势互补，也是因为合作有利于提高生产效率和增进发展速度。合作式发展在经济实力比较相等的两个企事业单位间一般容易获得其存在空间。此外就是优势企事业单位对弱势企事业单位、经济发达区域对经济落后区域实施合作式的扶持援助而形成的一种合作式发展。后一种合作式发展主要是在政策的推动下进行的，市场因素不占主导。

文化产业的四种发展方式主要是基于单位的资本扩张实现方式来看的。积累式发展是一种不借助其他单位力量的单位自身的孤立型发展。并购式、连锁式与合作式三种发展方式都是建立在单位间的关系互动的基础之上的联合式发展，它们的区别只是资本扩张实现方式的不同：并购式的特征是大鱼吃小鱼，连锁式的特征是借力发力，合作式的特征则是互利共赢。适用这四种发展方式的单位有其条件的限制：积累式发展主要是适用于处在产业初期的企事业单位，适用于并购式发展的单位则必须是优势企业，连锁式发展的适用对象是弱势单位，合作式发展的适用对象是经济实力处于中等地位的单位。根据单位自身的经济实力，选择正确的发展方式，实现单位的最佳发展，这是企事业单位决策管理层的主要任务。

---

① 刘迎秋：《民营企业与跨国公司：竞争与合作》，载《中国社会科学院院报》2006年第12期。

表二：文化产业的四种发展方式

发展方式	积累式发展	并购式发展	连锁式发展	合作式发展
单位关系	孤立单位	优势与弱势单位	优势与弱势单位	实力旗鼓相当
发展特征	滚雪球	大鱼吃小鱼	借力发力	互利共赢
适用对象	产业初期的单位	优势单位	弱势单位	实力中等的单位
功能层面	单位层	产业层	产业层	产业层

四、文化产业的可持续发展

文化产业是以文化资源为生产原料，把提供服务性商品以满足消费者的精神需求作为产业主要功能的一个企事业单位群体。推进文化产业发展，目前业界比较重视的是文化资源的保护，认为文化资源保护是文化产业可持续发展的根本。例如，在旅游业当中，文化资源保护已经提高到一个相当高的地位。安徽黄山建设高级宾馆、大型水库以及其他娱乐服务设施，实施“山上游山上居”的旅游战略，这一举措就受到全国媒体的抨击与批评。

文化产业的可持续发展当然要关注文化资源的保护，也必须注意“旅游业发展与维护环境的协调、游客利益与居民利益的协调、当代人需要与后代人需要的协调”①。不过，如果把可持续发展仅仅限定在文化资源的保护上，文化产业的可持续发展仍然会存在问题，这是因为有关文化资源保护的可持续发展实际上是建立在文化产业局部而不是文化产业系统的基础之上的，违反了事物发展的根本规律。这种基于外部矛盾的发展停滞状况在有些地区已经产生，许多文化企业开始走下坡路，经济效益下滑。

---

① 李天元：《中国旅游可持续发展研究》，南开大学出版社2004年，第49页。

促进文化产业的可持续发展，关键是要坚持系统思维方法，全面考虑文化产业的结构要素与功能，实现文化产业自身的全面发展。

首先是要夯实文化产业发展的经济基础，培育企事业单位，提高其经济效益。作为文化产业的微观细胞，企事业单位的经济增长是文化产业发展的主要依靠和落脚点。没有单位的发展，文化产业的发展也就是空中楼阁。因此，文化企事业单位要策划经营好文化经济活动，不断开发新的产品，针对其产业实力状况采取不同的发展方式，提高单位与产业人才的产品开发创新能力和资本运作整合能力，提高单位的经营管理水平和市场竞争能力，努力推进单位经济规模的增长。

其次是要强化市场运作，扩大经济规模，促进文化产业的发展。在中观产业层面，优势企业要根据实际情况，通过并购、直营连锁等资本扩张方式，改进弱势企业的经营管理，提高其生产效益，实现自身经济规模的扩张和弱势企业的资产优化；弱势企业则要通过加盟连锁的资本扩张方式，借助优势企业的先进管理经验、市场营销渠道和资金支持，提升自身的生产管理水平，实现自身的跨越式发展；实力中等的文化企业则可以通过合作互助的方式，优化改善人员、资产等的配置，提高生产效率，增进资本积累，实现自身的高速发展。

再次是要改善产业运行环境，协调产业关系，维护文化产业发展的经济秩序。政府的产业主管部门要立足于文化产业系统，制定相关的政策，引导企事业单位在合法的程序和法律的范围内进行市场运作；根据产业发展实际，推动文化优势企业实施并购战略、文化弱势企业加盟连锁企业、中等实力企业展开产业合作，提升产业群体的经济规模和优化组合，促进产业的规模化发展；注重长远利益，强化文化资源的保护，维护消费者的权益，让文化产业建设立根于消费者、单位、产业及相互关系的和谐之中。

最后是要全面平衡文化产业的发展速度，强化产业各层次的发展动力，保证文化产业自身的可持续发展。产业系统的各层次应该是大体同步与协调的发展，某一个层面的发展过快或过慢都会制约产业系统的整体发展。根据文化产业的不同层次，通过提高各类人才的产品创新开发能力和资本运作能力，为文化产业的发展不断注入动力，使单位和产业持续稳定地良性运行，全面促进文化产业各层次的相互协调发展，进而实现文化产业整体的可持续发展。

文化产业是一个产业结构要素彼此相互作用的系统，它表现为一定的产业结构层次，各产业结构层次的功能决定着产业整体的可持续发展。总之，认清文化产业结构层次的系统功能，采取恰当的发展方式，协调产业结构层次的发展速度，强化产业结构各层次的发展动力，是文化产业可持续发展的必然要求。

第二部分　文化人类学

文化人类学视野下的哀牢犁耙会

摘　要：哀牢犁耙会原来以农业生产工具为交易活动的主体。客观生存环境条件和神话传说都说明，哀牢民族不是一个农业民族，而是渔猎民族。哀牢犁耙会并不具备哀牢文化的历史本质，而是汉族移民文化在与哀牢文化之间进行博弈的历史产物。哀牢犁耙会的文化本质是农业民族的岁时节日，反映的是农业生产、生活方式的节律，体现的是农业文明的精神风貌。随着文化的变迁，哀牢犁耙会正面临文化空巢的危机。

关键词：哀牢犁耙会　文化人类学　渔猎民族　移民文化

一、传统印象中的哀牢犁耙会

哀牢犁耙会，又叫大官庙犁耙会，民间还称之为中岳高峻犁耙会。每年农历的正月十五和二月初一，哀牢犁耙会都会在位于哀牢山脚下的大官庙村举行。它是保山坝子及四周山乡农家人最喜欢“赶”的一个特殊街子。

哀牢犁耙会是庄稼人的节日：买的卖的全是农具，卖主买主全是农民。犁耙会期间，各种品种规格的农具堆成山排成龙，各色小贩都从四乡八里赶到哀牢山下摆摊设点，琳琅满目的小百货让人目不暇接，独具特色的传统小吃香飘哀牢山脚。十里八乡的农民都赶到哀牢山，穿行于犁杖、锄把、扁担、箩筐、镰刀、犁头等各种农具之间，挑选与购买农作所需之物。

哀牢犁耙会虽然不知道始于何时，但历史悠久却不可否认。居住在当地的老人都认为哀牢犁耙会是从上古传下来的。还有一些学者也认为它是哀牢古国的遗韵，它“反映了哀牢古国是一个十分重视发展农牧业耕作的国度，以农具交易为主，兼开商业”。[①] 作为目前哀牢山最有影响力的传统节日，哀牢犁耙会归属于古代哀牢民族文化，似乎理所当然，因为哀牢山是古代哀牢民族的发祥地，哀牢文化就诞生在以哀牢山为核心的哀牢山区域。

哀牢犁耙会果真就是哀牢文化的历史遗韵？作为一种岁时节日，它果真就是哀牢民族的民俗传统？随着时代的变迁，哀牢犁耙会还会继续保持原有的特色吗？实际上，由于哀牢山区域文化交流的特殊性，哀牢犁耙会的文化实质并没有这样简单，其发展前景也值得关注，还需要细细探究。

二、地理环境与生产方式

在解释生产方式（后文用到的“生活方式”这一概念与它等同）的根源时，环境决定论是文化人类学者认可的观点。英国著名人类学家雷蒙德·弗思在阐述地理环境和生产方式之间的关系时就说道：“任何一种环境在一定程度上总要迫使在其中的人们接受一种物质生产方式。澳洲中部的土著居民，不论气候如何变化，总是不能穿半点衣服，不需要坚固的住宅；但是这种缺乏水源、土地荒瘠和动植物很少的环境迫使他们流浪无定，靠狩猎和劫掠为生。”[②] 英国另一位著名人类学家埃文思－普里查德在研究努尔人的生态学特征时也对地理环境与生产方式之间的决定作用作了理论的描述，他认为努尔人的经济是一种混合经济，

---

① 禾丽采：《迁移开发哀牢古国御花园的潜力与前景》，载肖正伟主编：《哀牢探秘》，香港天马图书有限公司 2000 年，第 221 页。

② 〔英〕雷蒙德·弗思著，费孝通译：《人文类型》，华夏出版社 2002 年，第 32 页。

而这种混合经济是生态平衡的结果："牛瘟使得人们不能完全依赖于奶食品；气候条件使得人们不能完全依赖于谷物；而水文变化又使得人们不能完全依赖于鱼而生存。这三个因素结合在一起，使努尔人能够生存下来，而且，它们的季节性分配决定着努尔人在一年中不同时期的生活方式。"① 其实，除了人类学家看到这样的规律之外，其他一些学者如希波克拉底、孟德斯鸠、亨廷顿等也坚持同样的观点。地理环境决定人们的物质生产方式，这一点已经被历史证明。

地理环境与人们的物质生产方式之间存在的决定关系主要是通过自然世界提供食物资源实现的。食物是由环境决定的，什么样的地理环境就会提供什么样的食物。靠山吃山，靠水吃水，说的就是这个道理。当然，地理环境提供的食物也有数量的区别，有的地方提供的可食植物如水果、蔬菜等多一些，有的地方提供的动物如野兔、麂子等多一些，有的地方则适宜于种植水稻等粮食作物。在人们的食物供给中，该地方提供的占据优势地位的食物就会主导该地方的人们的生产方式。因此，如果把获取食物的方法看做是生产方式的话，那么人们就有这样几种主要的生产方式：采集、狩猎、捕鱼、放牧、农耕等。这几种生产方式并不是截然分开的，有的地方可能同时从事两种及其以上的生产方式，如既狩猎又耕种，或者是既狩猎又采集。判断一个民族的生产方式，关键就是看这个民族是以哪一种生产方式为主要的谋生手段。通常，我们也会依据该民族的生产方式来给民族定型，如把以打猎为谋生手段的傈僳族看做是狩猎民族。

在民族文化层次中，物质生产方式占据着基础性地位，决定着文化的其他方面。马克思主义认为，民族的物质生产方式制约

---

① 〔英〕埃文思－普里查德著，褚建芳、阎书昌、赵旭东译：《努尔人——对尼罗河畔一个人群的生活方式和政治制度的描述》，华夏出版社 2002 年，第 112 页。

着整个社会生活、政治生活和精神生活的全过程；有什么样的经济基础，该民族就会形成与此相适应的风俗习惯。所以说，“民族风俗习惯是民族生存环境的一种反映，由于各个民族所处的自然地理条件、社会政治条件、历史发展条件等等的不同，各个民族产生了多种多样的民族风俗习惯”。[①] 民族风俗习惯通过一定的具体活动形式和物质文化生活方式表现出来，并体现该民族的民族心理意识。作为民族社会生活中的一种重要风俗，岁时节日的产生自然也遵守这种客观规律。它是由某一个民族特定的客观生存条件决定的。

三、哀牢民族的生存环境

在远古时期，保山坝究竟是什么样的地理环境呢？从对位于保山坝区文化遗址进行的历次考古，我们不难得出结论。哀牢文化专家耿德铭先生在发掘塘子沟文化遗址时就发现，保山坝在远古时期属于一种兼有山脉、岩带、坡谷、湖盆的地理环境，气候较今天暖和湿润，森林、草地、沼泽、河湖错综交叉，茂密叠翠的群山围绕着一个个水波荡漾的湖泊，河湖滩涂浮游动物众多，螺蚌群生，鱼群肥美，野兽嬉戏，禽鸟竞飞，可以说是动植物的天堂。这种山水相依的独特地貌优势给居住在坝区的古人类提供了丰富的食物来源，人们在这个固定的区域内狩猎飞禽走兽，捕捞水族生鲜，以求食物丰足。优越的自然地理环境，丰富多样的动植物资源，成为远古时期人们赖以生存的客观物质基础。[②] 特别是位于保山坝西北侧山麓的龙王塘遗址出土了石制品 41 件，

---

① 图道多吉主编：《中国民族理论与实践》，山西教育出版社 2002 年，第 309 页。

② 耿德铭：《塘子沟文化人类生活环境初探》，第 54 页，载《云南民族学院学报》（哲社版）1995 年第 1 期。

骨锥5件，鸟类、哺乳类动物化石标本150余件，动物骨骸化石10余公斤。这些出土文物显然表明，当时人们的生产方式主要是以狩猎为主兼事捕捞采集的综合型生产方式。①

哀牢民族生活时期，哀牢山区域也并不像现在一样是广袤平坦的坝子，而是一片汪洋泽国。当时，哀牢山下是湖泊，哀牢民族生活在哀牢山麓，主要靠在湖泊中打鱼为生，他们应该是渔猎民族。哀牢民族的起源神话已经说明了这一点："哀牢夷者，其先有妇人名沙壹，居于牢山。尝捕鱼水中，触沉木若有感，因怀孕，十月，产子男十人。后沉木化为龙，出水上。沙壹忽闻龙语曰：'若为我生子，今悉何在？'九子见龙惊走，独小子不能去，背龙而坐，龙因舐之。其母鸟语，谓背为九，谓坐为隆，因名子为九隆。"② 九隆神话说明，无论是作为哀牢民族的始祖沙壹，还是沉木与沙壹之子九隆，他们都生活在水中，其职业应该是捕鱼。沉木与龙都可以看做是船的象征，九隆背龙而坐则内含有九隆在捕鱼的人类学意义。这些神话透露的信息意味着当时还处于母系氏族社会的哀牢民族以渔业作为他们的主要生产方式。

据田野实地调查，哀牢山在河图镇辖区的东侧，面西靠东，地势雄奇陡峭。山多岩石，庄稼难以生长。山下大官庙一带是一片坡地，山坡有红土，可以种一些庄稼，但是面积并不大，较少的耕地难以维持庞大的哀牢王国。坡地紧邻一片间杂有池塘的广袤田野。据说，这片田野曾经是湖泊，叫青华海，现在的池塘可能就是青华海的遗迹。民国《保山县志稿》也这样说："保山平原，乃一陷落之低洼盆地，系一古海，支流所经之区，环周百余

---

① 耿德铭：《塘子沟文化人类生活环境初探》，第50页，载《云南民族学院学报》（哲社版）1995年第1期。

② 方国瑜主编：《云南史料丛刊》第1卷，云南大学出版社1990年，第137页。

里，高处森林密布，低处沼泽湖泊，河流纵横，无路可通，居民多沿四面山麓生存。”① 这汪洋广袤的青华海，东抵哀牢山，西达九隆岗，生存着各种各样的鱼类，完全能够成为哀牢民族的食物之源。哀牢山区域流传的比目鱼传说也说明，比目鱼是哀牢先民的主要捕食对象。属于古代保山外八景之称的北津烟柳和渔村晚钓，仍然还保留着的村落名称打渔村、三家村和老鸦（即鸬鹚）寨，这些渔业文化遗迹都在默默地诉说着先民们采取了何种生产方式。

那么，保山坝是什么时候开始变成平原的呢？明《永昌府志》记载：“保山坝子原为沼泽、湖泊、汪洋之地，自明代开始开垦，开渠泄水，始逐渐辟成农田。”② 民国《保山县志稿》则是这样解释的：“明洪武十五年（1382 年），太祖朱元璋，遣发江南数十万大军临滇，经略缅甸，边乱戡定后，并遣送江南民户前来实边。就地实行军民屯田制，经各族人民数百年之辛勤劳动，辟土种田，开河导水，直入峡谷山落水洞，始逐渐创出今之保山平原。”③ 在明代以前，保山坝的地理环境主要还是以湖泊为主要地貌。明代以后，汉族大量迁入保山坝，保山坝的地貌才开始发生根本性的改变。这也说明，哀牢先民不可能成为农业民族。这是因为，根据历史记载，哀牢民族的繁荣时期主要是在汉代以前，南诏大理以后就很少出现在历史文献中了。

傈僳族是狩猎民族，刀、弓、箭是该民族的文化标志物；赫哲族是渔业民族，长衫、乌拉、套裤、手套等均用鱼皮制作，鱼皮文化特色鲜明；蒙古族是游牧民族，穿皮衣，吃牛、羊、马肉，住易架易拆的圆形蒙古包。这些风俗习惯都是以民族赖以生

① 肖正伟著：《保山郡县史探》，香港天马图书有限公司 2000 年，第 29 页。

② 转引自段一平《老保山》，云南美术出版社 2007 年，第 97 页。

③ 肖正伟著：《保山郡县史探》，香港天马图书有限公司 2000 年，第 30 页。

存的主要经济部门为物质基础的，是生产方式多侧面的反映。基于哀牢民族的生存环境，他们很难成为农业民族，狩猎民族和渔业民族倒是有一定的物质环境基础。因而，作为反映农业民族特点的哀牢犁耙会应该不会是哀牢文化的历史产物。

四、哀牢犁耙会与移民文化

"岁时节日主要是指与天时、物候的周期性转换相适应，在人们的社会生活中约定俗成的、具有某种风俗活动内容的特定时日。"① 岁时节日的节期选择在很大程度上是建立在天文历法的基础之上的，依据天象、气象、物象等来决定农事、指导生产、安排生活，因而"岁时节日是农业文明的伴生物"。② 归根结底，由于农业民族的物质生产、生活条件和方式决定岁时节日民俗，因而作为具有农业文明特色的岁时节日，哀牢犁耙会在节期选择上就完全遵循了这个规律。哀牢犁耙会选择在每年农历的正月十五和二月初一举行，这是对农业生产规律的科学把握。每年这个时候，人们刚刚过完春节，通过参加哀牢犁耙会为春耕做好准备。无论是从它的主要民俗活动来看，还是从"犁耙"的命名以及它的节期选择来看，可以说哀牢犁耙会就是农业社会生产、生活规律的鲜明体现，反映的是农业民族的生产、生活方式，体现的是农业民族的文化风貌。

哀牢犁耙会的产生历史也并不长，从地方文献记载来看，可能形成于明朝。保山地方史资料表明，有关哀牢犁耙会的记载不见于明以前，而是见于明代张志淳的《南园续录》。该书记载的"每年正月十六日蒲樊会祭（大官、小官庙）"实际上只是宗教祭祀节日，还没有形成以农业工具贸易为主的岁时节日民俗。实

---

① 钟敬文主编：《民俗学概论》，上海文艺出版社 1998 年，第 131 页。
② 钟敬文主编：《民俗学概论》，上海文艺出版社 1998 年，第 135 页。

际上，哀牢犁耙会应该是汉族移民文化的代表，是作为农业民族的汉族移民借助哀牢民族的宗教祭祀节日发展起来的一种农贸活动，体现的是一种隐蔽性的置换策略。之所以借助哀牢民族的宗教祭祀节日，是因为哀牢民族的“蒲爇会祭”符合汉族节日活动产生的根本规律，也能够满足移民文化的博弈需要：一是它能满足人们祈望五谷丰登、六畜兴旺、岁岁平安的民族心理。二是它满足岁时节日的生产性节律要求。三是能够体现对哀牢民族传统文化的尊重。

从移民文化与哀牢文化的博弈历史来看，哀牢犁耙会有利于形成一种增强移民文化巨大凝聚力的融合机制。哀牢犁耙会的举行地点在哀牢文化的发源地大官庙村，繁荣的农业贸易有助于发展当地的农业生产，特别是汉族带来的先进的农业生产工具的交易将极大地促进当地农业生产水平的提高，增强农业在社会生活中的基础性地位。移民文化的经济优势必然提高其吸引力，强化移民文化对哀牢文化的同化效果。同时，哀牢犁耙会选择在哀牢民族的活动中心地带举行，这也是一种强制性的民族文化交流策略，能够增加汉族移民与哀牢民族的交流频率，拓展民族之间文化交流的深度和广度，提高移民文化的融合效果。凭借优势经济力量和强制交流策略，再加上哀牢文化的原有信仰崇拜机制，哀牢犁耙会就掌握了民族之间文化交流的主导权，进而也就真正成为移民文化同化哀牢文化的历史舞台。

总之，哀牢犁耙会并不具备哀牢文化的历史本质，而是汉族移民文化在与哀牢文化之间进行博弈的历史产物。哀牢犁耙会的文化本质是农业民族的岁时节日，反映的是农业生产、生活方式的节律，体现的是农业文明的精神风貌。

五、哀牢犁耙会的未来走向

作为传统文化的一个岁时节日，哀牢犁耙会仍然还活在保山坝区老百姓的心目中。现在，哀牢犁耙会的举行仍然是一大民俗盛事。举行之日，保山坝十里八乡的老百姓都会赶来，参加这个难得的节庆活动。但是，哀牢犁耙会的生命力还有多长？对于一个研究民族民俗文化的人来说，或者是对于瞄准发展当地文化旅游的人来说，这个问题显然不能忽视。实际上，哀牢犁耙会的生命力正在衰落。

一般来说，一个节日的产生总是有一定的社会需求的。哀牢犁耙会之所以在明朝产生，除了汉族欲争夺文化主导权之外，另一个原因就是汉族发展先进农耕文化的需要。现在，保山坝已经完全汉化，不再存在文化主导权的争夺问题。此外，保山坝的农业生产也已经发生了文化变迁。作为一种岁时节日，哀牢犁耙会的农业商贸最主要的物质基础就是当时农业生产工具的手工作坊式生产。在那个时候，农业生产工具小巧简单，价格不高，无论是铁质工具如镰刀、犁耙等，还是竹艺，如箩筐、扁担、簸箕等，手工作坊都是主要的生产者。而且，手工作坊生产的农业生产工具适宜于在临时集中性小型集市上进行交易，能够方便当时的农业生产。随着农业生产工具的机械化，农民对手工作坊生产的农业生产工具的需求日益减少，而对机耕犁、水泵、拖拉机、打稻机等机械化农业生产工具的需求不断增强。再加上在现代社会，农业生产工具的交易渠道很多，临时集中性小型集市在农业生产工具的交易中已经失去了古代的那种主导地位。另外，机械化农业生产工具不仅价格不菲，而且因为交易成本巨大而很难在临时集中性小型集市进行交易，这样势必会导致哀牢犁耙会逐渐失去以农业生产工具的交易为主要特色的文化特征。

据调查得知，哀牢犁耙会的举行已不再具有纯粹的民间意味了。现在，哀牢犁耙会都是由当地政府举办。对于当地政府来说，通过举办哀牢犁耙会发展文化旅游产业，是他们的迫切目标。对于这样的目标，我们无可厚非。但是，当地政府举办哀牢犁耙会，其功利性目的制约了哀牢犁耙会的生存潜力，加大了弱化哀牢犁耙会传统文化特色的力度，这是因为当地政府没有立足于传统文化的传承与保护，而是采用了通行的做法，即利用现代文化来代替传统文化，力求节日的经济效益出彩。结果，这种做法不仅没有出彩，反而加速了哀牢犁耙会的生命力的衰落。实际上，今天的哀牢犁耙会已经呈现出了这种“文化空巢”——徒有其名。走进哀牢犁耙会，我们看到的多是冲沙包游戏、卖小吃、卖衣服的非传统特色摊点，听到的是一些现代流行音乐的激昂旋律，感觉到的是熙熙攘攘、摩肩接踵的看热闹的人流，真正与农业生产工具的交易相关的文化事象少之又少。哀牢犁耙会正在悄悄地变味，对人们的吸引力正在逐渐减低。

哀牢犁耙会的举办场地也缺乏环境意识和传统文化营销意识。在哀牢山下，树木稀少，尘土飞扬，参加哀牢犁耙会很难看到应有的传统文化的节日气氛，也很难获得期望的那种传统文化的舒心享受，给人的感觉就是到集市中赶场一样。从目前的举办情况来看，由于没有有关哀牢犁耙会的有形的传统文化标志物，也没有精心设计体现哀牢犁耙会传统特色的旅游设施，因而也难以看见能够带来经济效益的旅游参与者。许多人认为，旅游者来到哀牢犁耙会，只能作为一个旁观者，而不能参加有关的传统文化项目，因而也就无法深度体验传统文化。这样，哀牢犁耙会就很难走向旅游市场，仅仅是一个民俗岁时节日而已。哀牢犁耙会没有应有的传统文化品位，离真正的文化旅游还有一定的距离。

总之，哀牢犁耙会的文化变迁正在警示我们，作为一种传统文化，哀牢犁耙会的文化本质正在消亡，而它的举办又缺少文化自觉，正在走向违背本身规律的发展方向。因此，如何保护哀牢犁耙会，在保持传统文化特色的基础之上开拓新的发展空间，这已成为所有关注哀牢犁耙会的有识之士的迫切任务。

河村顺龙寺的文化人类学解读

摘　要：河村顺龙寺始建于明朝，依傍东河修建于西侧，坐南朝北。从整个建筑布局来看，顺龙寺不是一个纯粹的佛家寺庙。顺龙寺以三圣宫为界，大殿和中殿为一部分，属于佛家清修场所；三圣宫和山门戏台楼为一部分，属于俗家文化娱乐场，是佛家和俗家的综合体。顺龙寺诞生于明朝，这个时期是汉族移民文化刚刚取得文化主导权的时期。河村顺龙寺在文化本质上就不属于佛教场所，而是汉族移民文化与哀牢土著文化之间融合与冲突的博弈场所。河村顺龙寺是移民文化的产物，在文化博弈中发挥的作用已经被历史证明。保护河村顺龙寺就是保护保山坝区的一段特殊历史。

关键词：河村顺龙寺　文化人类学　汉族移民文化　哀牢土著文化　历史博弈

（一）

河村顺龙寺始建于明朝，依傍东河修建于西侧，坐南朝北。顺龙寺几经重建，现存建筑为清光绪三年（1877 年）由河村村民集资重建。清光绪十七年，山门戏台建成之后，顺龙寺才形成如今的整体规模。

顺龙寺山门临街，为五开间穿斗式硬山顶凸字形木结构建筑，两侧为顺龙寺临街铺面，中间下层为顺龙寺山门过道，屋顶重檐飞翘悬挂风铃，正脊两端饰以飞龙重脊禽兽花饰。山门及戏台两柱之间均以花枋与垂莲柱装饰，戏台顶棚中央为八角藻井太极图，四周围六十九块描述二十四孝故事的画板组成。戏台东西两侧各为六开间两层瓦屋包厢，中间天井为露天剧场，可容纳观众千余人。新中国成立以前，每逢节庆，戏台均有戏剧上演。

与戏台相对的乃是单檐三开间大屋顶穿斗硬山顶木结构建筑——三圣宫。正脊中间饰以宝顶，两端为飞龙，垂脊饰以禽兽花饰，飞檐翘角悬以风铃，柱梁之间饰以花枋，垂莲柱檐下挂巨匾。中格前后各三合格子门，玲珑剔透，镂雕动物花卉，两侧为圆形大花窗。殿内壁画彩绘，正堂是刘关张桃园三圣塑像，彩绘逼真，状似天神。

与三圣宫相邻的南面是中殿和大雄宝殿。中殿供奉有文昌帝君，两侧站有四大金刚，背面为韦驮。大殿则供奉观世音菩萨三姐妹塑像，十八罗汉列于两侧。

纵观河村顺龙寺，南北长 85 米，东西宽 28 米，占地 3.6 亩。建筑群总体布局工整，秩序井然，诸殿各具特色，迥然不同。山门戏台楼在“文化大革命”期间损坏，三圣宫及至大殿以东耳房全部毁坏无存，仅存残破的大殿和中殿。

从上述整个建筑布局来看，顺龙寺不是一个纯粹的佛家寺庙。顺龙寺以三圣宫为界，大殿和中殿为一部分，属于佛家清修场所；三圣宫和山门戏台楼为一部分，属于俗家文化娱乐场，是佛家和俗家的综合体。

佛家讲究清静修为，大凡寺庙一般都选择在深山老林，而且供奉的佛像一般也应该是佛家人物。可是，河村顺龙寺并没有遵循这样的要求，它身处闹市，供奉的是刘关张三大俗家人物。刘关张三人一生纵横疆场、杀人如麻，与佛家并没有多少关系。作为圣者被供奉在佛殿之上，显然难以为佛家接受。但是，佛家拗不过俗家，因为本地众多的移民就是蜀汉时期的先民的后代，他们是刘关张享受祭祀的客观基础，他们愿意为刘关张三人出资建寺，塑以金身，朝拜先祖，寺内僧众也没有办法。

顺龙寺诞生于明朝时期，这个时期是汉族移民文化刚刚取得文化主导权的时期。顺龙寺位于紧邻哀牢土著文化发祥地的移民文化中心所在地，显然是为了增强移民文化凝聚力以适应文化博弈的需要，因而其功能就不仅仅是培养宗教信仰，文化教化功能也被特别的强调。这些功能要求也必然反映在顺龙寺的建筑布局上，前端的文化场所部分是实现文化教化功能，而后端的佛家清修场所则是实现宗教信仰功能。宗教信仰功能强化汉族移民文化的心灵皈依，文化教化功能强化汉族移民文化的意识形态，两者的结合共同作用于当地文化，增强了移民文化的凝聚力。

移民文化借助河村顺龙寺这个佛教场所，以娱乐形式开展移民文化教育，以宗教形式培养移民文化信仰意识，通过攻心战略，逐步取得当地文化的主导权，进而服务于巩固边疆的大政目标。不作这样的理解，河村顺龙寺必然会看做是佛教文化的怪胎。实际上，河村顺龙寺在文化本质上就不属于佛教场所，而是汉族移民文化与哀牢土著文化之间融合与冲突的博弈场所。河村顺龙寺是作为民族文化的融合手段存在的，这是它和金鸡寺、卧牛寺、卧佛寺、栖贤寺等保山众多寺庙与众不同的地方。

（二）

即便是现在，顺龙寺依然在演绎着它的文化凝聚力功能。

河村古镇最早的中心之地就是紧邻东河东岸的东街和西岸的西街。东街往东延伸，西街往西蜿蜒而去，成为历史久远的古代集市。如今，东街已为水泥路取而代之，一直延伸到村东的环村公路。东街的纸扎作坊和老式剃头店依然迎送着来来往往的顾客，两侧低矮的老式店铺在现代化的楼房的映衬下显得格外沧桑和古旧，显示出一种深厚的文化底蕴意味来。西街的街道要比东街的宽敞，悠闲溜达的鸡、鸭、兔、狗和内含古代意味的锡箔纸钱则烘托着赶街天熙熙攘攘的繁荣景象。西街向南、向西几转其身，卵石砌边石板镶心的古时街道见证了河村古镇的繁荣兴旺。更为重要的是，位于西街南侧的就是塑造了河村古镇文化灵魂的河村顺龙寺。

在顺龙寺的东侧，原先那条由北而南、穿村而过的东河改道之后，绝大部分河床和全部堤岸都已不见了，变成了如今河图镇南北向的主大街——顺龙街。顺龙街从原来的天心桥之北 50 米处开始，往南延伸大约 1 000 米，直到河图镇中心小学为止。由北而南，顺龙街历经三个十字路口，其中，最北端的十字路口就是古老的东西二街形成的交叉处。每到赶街天（河图镇为周日和周四），这个十字路口就水泄不通，赶街的父老乡亲仍然不舍古老的风味，徜徉在这儿体会古时集市的繁华。

顺龙街是河图镇的主要街道，繁华的闹市阐释着顺龙寺的文化魅力。在顺龙寺的东侧，河图电影院与顺龙寺隔街相对而望。在顺龙寺与河图镇电影院之间，有一块比较空阔的场地，顺龙街在这里重合而过。紧邻顺龙寺的这一段街道是集市最为宽敞的地方，文化活动和夜市是这段街道的主要内容。河图电影院前的这块空地是老年人唱歌跳舞和晨练的首选之地。顺龙寺露天剧场靠东的一排包厢房已经改造成一个茶馆，喝茶、聊天、下棋，老年人在这里自得其乐。

在河村古镇东西向主大街南侧的牲畜市场搬迁之后，这里建起了现代化的幼儿园和崭新的文化园区。河村古镇的孩子们是快乐和幸福的，他们在充满童趣、色彩明快、设施一流的河村幼儿园里享受着趋于完美的现代化教育，这是他们祖辈父辈无论如何也想象不到的。文化园区内的健身设施彰显现代化的气息，表现了河村古镇的不断进步。河村古镇的老百姓，特别是老年人，可以像城里的老年人一样享受和城市社区一样毫无差别的休闲健身活动。但是，文化园区的作用显然没有显示出来，老年人似乎并不理解这种好意，很少来这儿晨练，也不来这儿组织文化娱乐活动。文化园区内冷冷清清的场地已经说明了文化园区的凝聚力并不大，现代化的文化园区仍然难以撼动顺龙寺古老稳固的文化地位。河图镇的男性老年人组建的洞经音乐会仍然把顺龙寺的前院作为他们的活动地点，老年妇女组成的哀牢艺术团也依然把活动地点选在顺龙寺东边、电影院前的那块空地上。

尽管河村古镇的发展已使顺龙寺的地理位置偏移至古镇的北端，顺龙寺的文化地位也在历史的进步中逐步弱化，它的文化教化功能随着古戏台楼的毁损已经荡然无存，但是，顺龙寺残破的文化遗存仍然会诉说它的文化历史价值，顺龙寺不太久远的历史也会客观地证明保山土著文化彻底汉化的艰难历程。

（三）

在保山坝的中部，河村古镇显然具有特殊的地理意义。

河村古镇在保山城区的北面，距离城区大约 5 公里。从保山城区出发，沿 320 国道北上，抵达下村街口，然后沿柏油大路东走，约行 3 里，就到河图镇了。河图镇的行政所在地就是河村古镇。河村古镇已经成为保山坝区一个比较重要的乡镇集市，有1 200余户人家，近6 000人。

作为保山坝的母亲河，东河缓缓流经平坦的河村古镇，河道曲折回环，状似太极。由于水势趋缓，泥沙渐渐沉入河底，淤积填埋河道，形成寓意华夏文明之光的太极图谱。因此，人们又把河村古镇叫做河图。在悠悠漫长的岁月中，河图不仅仅是河村古镇的代称，也成了以河村古镇为中心的河图镇行政区的称谓。

据田野调查发现，河村古镇的形成与河村顺龙寺紧密相关。当地一段姓老人说，明朝时，他们祖上来到这里，当时河村古镇人家还很少。由于河村古镇处于南方丝绸之路——蜀滇身毒道永昌段上，来来往往的客商很多，经常在这里打尖休息。不过，当时东河水势汹涌，经常泛滥成灾，当地的老百姓和这些客商时常面临财毁人亡的境地，他们祈求上苍保佑。于是，当地的人家就在河村古镇的交通渡口——天心桥西端南侧上集资修建了河村顺龙寺。来往的客商打尖休息时就来到顺龙寺祈求菩萨保佑他们财旺路顺。当地老百姓也把顺龙寺看成自己心灵皈依的场所。后来，在河村顺龙寺周边，人家也就越聚越多，逐渐形成一个村落性集市。

河村古镇离哀牢山不远，大约有2.5公里。从保山城区到哀牢山，河村古镇是必经之道。住在哀牢山的老百姓要到保山城区，河村古镇就是一个终点站。在河村古镇的北面是金鸡乡，紧邻哀牢山的北端，大约也有2.5公里的距离。在河村古镇的南面是保山城区，也靠近哀牢山的南端。从整个保山坝的地理区位来看，金鸡、河村和保山城区从北、西、南三面包围了哀牢山。对于古代哀牢民族来说，哀牢山可是他们的神山！

河村古镇是一个移民村落，河村人基本上都是外来汉族移民，河村古镇的民俗也较多地体现出汉族移民文化的特色。河村古镇又叫河图，这实际上就是汉族移民文化的作用的结果。对于当地土著文化（主要是指哀牢文化）而言，寓意天文地理的河图是不可能存在的，只有拥有华夏文明的汉族移民才知晓河图的历史渊源。

河村古镇之所以会成为汉族移民的据点，是因为河村古镇在汉族移民文化与哀牢土著文化的历史博弈中具有特殊的地理重要性。

由于汉族的强大政治优势，进入保山地区的汉族移民大都集中在文化发达、生活富庶的保山坝区。当然，这首先是稳定边疆的需要，其次就是争夺土著文化的中心地，从文化上抢占当地文化的主导权。不过，彻底战胜哀牢土著文化的关键是占据土著文化的中心地，消除土著文化的神圣性，根除民族的文化标志物。从保山坝区文化冲突与融合的历史来看，争夺土著文化中心地，汉族移民文化的遏制策略就是从北、南、西三面包围哀牢文化。

保山坝区有两个最为出名的古村落，一是汉营村，一是金鸡村。这两个古部落村的得名主要是依据神鸟来命名的，是保山最古老的村子。汉营村原来叫凤凰村，设立不韦县之后，大量军队进驻这里，凤凰村随之改为汉营村，该名称历经西汉和东汉。诸葛亮平定南中，他的部队也选中了这个汉营村，定居下来，因而又改为诸葛营村，甚至成为永昌郡的行政所在地。随着时代的变化，汉族移民为了体现自己的移民文化色彩，又恢复了汉营村。汉营村由体现哀牢土著文化的古部落村名变为体现汉族移民文化的行政村名，其中的原因显而易见，这是由汉族移民文化的主导权决定的。尽管金鸡村也有吕氏宗族占据，但是当时的吕氏宗族势力毕竟比不上汉朝的政治军事实力，因而吕氏宗族可能也不敢更改具有古老土著文化底蕴的金鸡古部落村名，在他们习惯其叫法之后，也就沿用了下来。不过，这两个古村落在当时具有很重要的战略地位，金鸡村位于哀牢山的北面，汉营村位于哀牢山的南面，而哀牢山的西面当时是一片湖泊（古九隆池），汉族移民占据这两个村落，实际上也就控制了哀牢民族的扩张。明代以前，哀牢民族基本上就只能在哀牢山及其周围不远的地方活动，因而其生存与发展就面临着巨大的压力。

明朝建立以来，大量的汉族移民进驻保山坝，开渠泄水，围湖造田，把湖泊变为了平原。这样，留守在哀牢山的民族有了新的出口，逐渐向平原地带渗透。清朝，河图镇就有许多濮人，并建有濮人村落，如上蒲满、下蒲满（即今天的上营村、下营村）。这显然不是当时的汉族移民愿意看到的，所以，汉族移民沿保山坝区最重要的水源——东河——建立自己的居住地，如河村古镇等，将向西发展的空间堵死，始终控制着哀牢民族的活动范围。特别是在从永昌城到哀牢山的中间地带，紧邻哀牢民族文化中心地大官庙村的附近建立新的移民文化中心——河村古镇，扼制住他们出入要道上的交通咽喉，挤压土著文化的政治地位和社会影响力。

河村古镇成为移民文化中心，这是汉族移民文化集体无意识的体现。为了稳固边疆，汉族政权需要在边疆地区建立政治中心，如永昌郡。为了稳定政治中心，汉族政权还必须控制拥有当地文化优势的原有土著民族，如哀牢民族。为了控制原有土著民族，汉族政权就必须争夺当地文化的主导权，如文化凝聚力。因此，在一个最佳的地点建立文化中心，增强移民文化的凝聚力，这是汉族移民文化与哀牢土著文化之间历史博弈的必然要求。在明朝，河村古镇的地理位置优势就能够承担这样的历史重任。

河村顺龙寺是移民文化的产物，在文化博弈中发挥的作用已经被历史证明。因有顺龙寺，才有河村；因有河村，才有河村东西街集市；因有河村东西街集市，才有河村古镇的经济文化基础；因有河村古镇的经济文化基础，才有河村古镇这个经济文化中心；因有河村古镇这个经济文化中心，才有汉族移民文化的最终胜利和哀牢文化的彻底汉化。尽管河村古镇的历史地位远远不及永昌郡，但是，没有河村古镇，保山坝区的历史面貌将会是另一种景象，哀牢文化特色将会有一定程度的保留。

（四）

保山文化界倾向于把哀牢文化作为保山文化的特色之一，并不断地宣扬。实际上，保山移民文化可能更具有本质意义，毕竟，保山文化的汉化色彩是改变不了的历史事实。如果立足于移民文化建设保山文化，其中必然要内含移民文化与哀牢土著文化之间的历史博弈内容，因为移民文化与哀牢土著文化是两种具有紧密联系的历史文化，也最能够体现目前保山文化的现实特色。

河村顺龙寺的诞生和存在是因为汉族移民文化集体无意识的作用的结果。如果不从移民文化与哀牢土著文化之间的交流与融合这个历史背景来理解，河村顺龙寺的文化价值就会被淹没在单纯的文物历史价值与艺术价值之中，也就难以体现出河村顺龙寺在保山坝区文化遗产上的重大意义。实际上，河村顺龙寺正处于被文化主管部门漠视的尴尬境地。

2007 年 3 月，笔者下到保山坝区进行田野调查，看到了河村顺龙寺的重修现场。当时，河村顺龙寺僧众正在通过自主集资的办法重建被毁的建筑。河村顺龙寺僧众以柔弱之肩扛起本不属于他们应该承担的艰巨的文化遗产保护的责任，这是他们特别令人感动的地方。虽然他们保护文化遗产的事迹还不太为人知晓，但是他们的功德将会激励着有良知与社会责任感的文化人士和当地的老百姓。从文化人类学的视角解读河村顺龙寺，就是为了揭示河村顺龙寺的文化价值，以示对保护河村顺龙寺付出心血与汗水的人们的支持，并对他们表示敬意。2007 年 8 月，河村顺龙寺最有价值的文化遗产——山门戏台楼被火烧为灰烬。河村顺龙寺僧众对山门戏台楼的保护努力难以得到有关部门的支持，文化遗存的消失也就不可避免。除了惋惜之外，我们还能说什么呢！火灾之后，笔者更加敬佩顺龙寺僧众了！

保护河村顺龙寺就是保护保山坝区的一段特殊历史。河村顺龙寺已经定格在保山市文物保护单位名录上，但是，笔者更希望，河村顺龙寺不仅仅停留在文物保护单位名录上，而是见诸保山文化发展的现实行动之中。笔者期待着这一天！

哀牢文化与移民文化的历史博弈

摘　要：哀牢山是哀牢民族的发源地和哀牢文化的中心地。自从建立不韦县以来，哀牢文化在汉族移民文化的南北夹击和中间堵截中失去其生存与发展的空间，最终消失在汉族移民集体无意识的“文化大革命”大清洗之中。移民文化与土著文化的历史博弈行进到今天，终于定格在河村顺龙寺所在的移民文化中心地。

关键词：哀牢文化　移民文化　历史博弈　遏制　河村顺龙寺

尽管保山是一个民族风情园，在这块富饶美丽的土地上生活着彝、白、傣、苗、布朗、傈僳等少数民族，但是，保山并不是具有法律意义上的少数民族自治地区，而是汉族占据主导地位的边境民族地区。不过，历史表明，从这块土地有人类开始一直到东汉，它一直是一个少数民族主导当地文化的地区。直到明清时，汉族移民才全面完成主导保山地区的历史任务。其中，最能够体现汉族移民文化与少数民族土著文化之间的艰难历史博弈的典型地区就是位于保山坝中部的河图镇区域。这里曾是哀牢王国的所在地和哀牢文化的中心地，现在却看不到几点哀牢文化的现存痕迹，似乎完全被汉化了。

一、哀牢山：哀牢文化的发祥地

哀牢文化的发祥地在今保山坝中部，即坝子西侧的九隆山和东侧的哀牢山。九隆传说是哀牢山一带流传最为古老、影响力最大的民族起源神话之一。许多历史文献都把它作为哀牢文化的开端。从九隆神话看来，哀牢文化最早的中心地是在保山坝区西侧的九隆山。“九隆山东北麓、保山城西南角有九隆池，哀牢王九隆在此出世的传说广泛流传区境。《徐霞客游记》、《滇略》、《滇系》、《永昌府志》、《保山县志》、《读史方舆纪要》对保山坝哀牢山、九隆山、九隆池及上述遗迹都有具体记述，说‘世传九隆氏兄弟居于此’，‘蛮妇沙壹触沉木于是而生九隆’。”[①] 尽管汉明帝时成都人杨终写的《哀牢传》没有清楚地表明九隆究竟居于何山，但是根据当地的传说和历史文献资料，有学者认为：“保山哀牢山暨山下大官庙村一带为沙壹感孕生九隆处。九隆开始为王有可能在九隆冈（九岭冈），在九隆许多代之后建的（而）非之子哀牢为王时才又徙迁回哀牢山处。”[②]

哀牢文化之所以被称为哀牢文化，主要原因就是，属于河图镇区域的哀牢山是哀牢民族兴盛于历史的政治、经济、文化中心。在有关哀牢文化的最早文献记录《哀牢传》中，“哀牢”就作为哀牢文化的关键词出现了，而且表述格外清楚：“哀牢夷者，其先有妇人名沙壹，居于牢山。”[③] 后来之历史记录多将哀牢山与哀牢文化联系起来，成为哀牢文化研究的传统。哀牢山成为哀牢文化的中心，这是古代哀牢民族长期生于斯长于斯的必然的历史结果。地域环境是人类生存的客观物质条件，有利于民族生存与发展的优越地域必将成为民族活动的中心。哀牢山在河图

---

① 耿德铭：《哀牢文化论》，载肖正伟主编：《哀牢探秘》，香港天马图书有限公司 2000 年，第 3 页。

② 张建林：《哀牢山拾遗——九隆传说及哀牢国首邑管见》，载肖正伟主编：《哀牢探秘》，香港天马图书有限公司 2000 年，第 156 页。

③ 方国瑜主编：《云南史料丛刊》第 1 卷，云南大学出版社 1990 年，第 137 页。

镇辖区的东侧，面西靠东，地势雄奇陡峭。山下大官庙一带是一片坡地，坡地紧邻一片间杂有池塘的广袤田野。据说，这片田野曾经是湖泊，现在的池塘可能就是原始湖泊的遗迹。明《永昌府志》记载："保山坝子原为沼泽、湖泊、汪洋之地，自明代开始开垦，开渠泄水，始逐渐辟成农田。"依山傍水，以捕鱼为业，九隆的传说和离哀牢山不远处的打渔村也证明了这一点。哀牢也由山名，到族名，到国名，到王名，到文化类型名，最终变成历史记忆，这是一种历史文化发展的必然规律。不仅仅哀牢文化如此，巴文化、荆文化、徽文化等莫不如此。

哀牢文化的中心在哀牢山，这一点已经为历史文献和研究者证实。① 不过，目前哀牢山一带留存于世的历史遗迹少之又少，和曾经的辉煌有点不相称：一是哀牢山和哀牢寺，二是大官庙村和小官庙村，三是一些民间传说。其中，前两者也只是空有其名了，看不出一点有关哀牢民族特色的东西。作为哀牢民族的后裔，布朗族、德昂族和佤族没有在哀牢山下建立自己的民族村寨，作为土著文化代表的哀牢民族后裔们在文化的博弈交锋中无可奈何地离开了本属于他们发祥地的哀牢山。哀牢山最终没能成为哀牢民族的圣地，哀牢始祖也没能安居在哀牢山上，这不能不说是哀牢民族文化的一个历史悲哀。

二、博弈：激战中心地的文化史

哀牢文化转衰的转折点发生在公元前 109 年（西汉元封二年）。这一年，西汉政府在保山金鸡村设置不韦县，迁吕不韦的宗族子弟来此实边，吕氏宗族也就成了哀牢民族居住地最早的汉族居民。② 这标志着哀牢民族在哀牢山区域被边缘化的开始。

---

① 肖正伟：《保山郡县史探》，香港天马图书有限公司 2000 年，第 53～65 页。

② 周勇：《最后的驿道》，民族出版社 2004 年，第 96 页。

汉族文化与哀牢文化的第一次政治军事交锋是贤栗攻打鹿茤的惨败，其结果就是哀牢归汉，哀牢王柳貌及其子贤栗相继归附东汉王朝。据《后汉书·西南夷列传》记载："永平十二年，哀牢王柳貌遣子率种人内数，其称邑王者七十七人，户五万一千八百九十，口五十五万三千七百一十一。西南去洛阳七千里，显宗以其地置哀牢、博南二县，割益州郡西部都尉所领六县，合为永昌郡。"① 东汉永平十二年（69 年），哀牢文化正式由主流文化变为边缘文化，以永昌郡的建立为标志的汉族移民文化开始了对哀牢山区域的文化渗透。

作为一种土著文化，有着上千年历史根基的哀牢文化具有相当深厚的文化底蕴，汉族移民文化的占领并非一朝一夕就能够奏效的，而是经历了一个相当长的历史时期——历经近 2000 年的历史。

尽管蜀汉时期汉族移民文化曾一度呈现高潮，但是并没有持续多久，魏晋南北朝时期的战火纷飞给哀牢文化以复兴的空间，哀牢民族又一度回归哀牢山区域。民国《保山县志》就认为："齐、梁以后，爨部盘踞滇池附近。南中土族争长，永昌事迹虽不可考，疑已为哀牢族所据。盖后汉建初元年（76 年），哀牢王叛，攻巂唐城，进扰之博南。哀牢东侵之势后当益盛。自典午南渡，中原扰攘二百岁，南朝治理南中，已鞭长莫及。土族倔强，势不可遏，哀牢东进，亦意中事。"②

唐宋元时，哀牢山区域均为少数民族政权的管辖范围，特别是南诏更是把九隆作为自己的始祖，因而哀牢文化虽然在一定程

---

① 方国瑜主编：《云南史料丛刊》第 1 卷，云南大学出版社 1990 年，第 103 页。

② 转引自肖正伟《保山建置沿革考》，第 5 页，载肖正伟主编：《永昌文化史论》，香港天马图书有限公司 2000 年。

度上被汉化，但是在哀牢山区域应该还是处于主导地位的。从历史文献中，我们也可以看到这一点，因为到明代，承载着哀牢文化内涵的哀牢寺都还存在具体的民族遗迹。明代张志淳的《南园续录》记载："每正月十六日蒲薁会祭（大官、小官庙），其题神位，大官则曰'大定戎方天下灵帝'，小官则曰'大圣信直列物灵帝'。……传世隆，世隆追封其十世之祖曰大定戎方，盖指创有南方之祖也；曰大圣利物，盖指其安辑哀牢之祖也，皆本细奴逻以上而庙祀于哀牢山下，以示不忘本始之意耳……今以小官塑像观之，其衣服之制俱与蒲满同，两庙皆被火更建，遂俱易以礼服，而小官庙像未焚，尚存原服，故可考。"① 可以说，尽管从汉朝以来汉族移民文化就开始了与哀牢文化的博弈争锋，可能在政治领域的确能够主导哀牢文化，但是汉族移民文化并没有占据哀牢文化中心所在地的社会生活的实际主导地位，可能只是地位同等或是比哀牢文化还要弱一些。毕竟，民族文化是民族心理意识的承载体，是作为一个民族区别于其他民族的根本标志，也是最难以改变的民族本质。

人是一切文化的中心。改变文化，首先得改变人，所以，移民实边一直以来就是汉族同化哀牢民族的锐利武器。有研究者指出，汉晋时的移民，除了吕氏宗族之外，还有一些战争落籍移民和经商落籍移民，人数都不多，和哀牢民族相比，无法取得经济生活的比较优势，甚至夷化。"明以前，云南少数民族人口占绝对优势，汉族移民迁入后多融于少数民族。汉晋之大姓，南诏大理之汉族融于白蛮，皆为汉变夷的典型事例。"② 人口上获得优势的时期是明朝朱元璋所在的洪武时期，明朝大将沐英三次南征云南，迁移汉族军民合计 300 多万人，汉变夷的局面才得到根本

① 肖正伟主编：《哀牢探秘》，香港天马图书有限公司 2000 年，第 261 页。
② 李晓斌：《历史上云南文化交流现象研究》，民族出版社 2005 年，第 170 页。

性的扭转，汉族移民文化才开始主导当地文化。“永昌侯蓝玉率军分守永昌，并在边疆设置八关，严密防守，然后重点在保山坝区和部分山区开发。”① 明代以后，清朝政府也很重视对边疆地区的稳定，大量移民至永昌。新中国建立初期，由于土地开垦的需要，也有一些汉族移民进入保山。所以，汉族移民逐渐增多，繁衍生息在这个事关边疆稳定的核心地带，人口也随之膨胀，最终成为保山地区占主导地位的民族。随着汉族移民在重点地区的人口数量上取得优势，移民文化也就开始取得当地文化的主导地位，特别是在保山坝区，移民文化占据了绝对优势，其标志就是明清政府在大理南诏时所建的永昌城（今保山城区）设立行政管理中心。

三、河村顺龙寺：移民文化的凝聚点

彻底战胜土著文化，消除土著文化的神圣性，建立新的移民文化中心，从文化心理上巩固汉族移民文化的集体无意识，这就需要有一种建立移民文化信仰的手段。作为古代最能够强化信仰观念的手段，宗教和民俗就成了当时移民文化的首选。

哀牢民族在建立本民族的集体无意识上，宗教也是最重要的手段。哀牢民族的传统祭祀活动主要有祭龙、祭火、祭刀和农业祭祀等，可能属于最原始的宗教活动的还是祭龙王，因为这与九隆神话联系最为紧密，最能体现基于民族文化历史记忆的产物——神话基础之上的集体无意识。哀牢寺高居在哀牢山上，原为祭奠哀牢作古之亡灵，以表达怀念先祖之意。大官庙在哀牢山脚下的大官庙村，寺内供奉着哀牢王、大官、二官等佛像，这些哀牢民族文化标志物时时提醒着哀牢人民记住自己的祖先。

从九隆神话的传说和哀牢国时期的保山坝地貌来看，哀牢民

---

① 肖正伟：《保山郡县史探》，香港天马图书有限公司2000年，第97页。

族最早应该是渔猎民族。尽管明朝以后的保山坝变为了农田，哀牢民族也可能会随之转化，但是这个时候的哀牢民族已经大部分转移到其他高山地区了，哀牢民族没有了形成农业民族的客观环境基础。每年农历正月十五和二月初一在哀牢山脚下举行的哀牢犁耙会，从地点来看似乎是哀牢民族的民俗遗存，实际上并不能代表真正的哀牢土著文化。

在土著文化中心地实现民俗内容的置换之后，汉族移民并没有忘记建立自己的文化中心地和建构移民文化信仰意识。在永昌城到哀牢山的必经要道上紧邻河村天心桥之西的西街地带，这里曾是河村历史上汉族移民最为集中的地段，集市的繁华和生活的富足使他们有了凝聚移民文化意识和移民心灵皈依的需要，于是宗教就成为最好的选择。明朝时，汉族移民就在西街之始的南侧修建了河村顺龙寺。大凡寺庙都可以看到“清静佛地”的题字，而且寺庙地点也大都会选择清幽的山林野地，可这顺龙寺却身处闹市，虽然供奉有神佛之像，也并不以吃斋念佛为要务。顺龙寺的建筑与布局也与佛寺不同，寺庙的山门临街，山门两侧为寺庙的临街店铺。山门上为戏台下为过道，戏台东西两侧各有六开间二层瓦屋包厢，中间为露天剧场。与戏台相对的是三圣宫，供奉有刘、关、张三兄弟的神像。三圣宫之南是中殿和大雄宝殿，供奉有弥勒、韦陀、观音等菩萨。从这种建筑布局来看，顺龙寺的前端非常世俗化，戏台、包厢，能容近千人观戏的院场却实实在在地存在于寺内，借故事劝谕民众的传统戏曲和喧天的唱戏锣鼓将顺龙寺的影响力扩张到了哀牢山，吸引十里八乡的汉族移民来这里接受集体无意识的洗礼。因此，顺龙寺更像是一个文化宗教活动场所，既能够培养宗教信仰意识，又能够宣传移民文化，成为增强移民文化凝聚力的据点。

以顺龙寺、金鸡古戏台等为主要培养机构所建构的移民文化意识在“文化大革命”期间得到鲜明体现。经过实地调查，我们发现，哀牢寺、大官庙、小官庙等传承哀牢文化传统的文化标志物在“文化大革命”期间全部被破坏，其彻底程度让人极为震惊和遗憾。现在所见到的哀牢寺、大官庙、小官庙等都是20世纪90年代重修的，而且还都并不完整，更见不到哀牢文化的民族色彩。但是，作为移民文化标志物的河村顺龙寺却保持得较为完好，主体建筑只有三圣宫被破坏殆尽，其他建筑都还完好存在，只是显得有些破旧。寺庙文化遗产存在的这种鲜明对比说明，为了巩固其文化中心地位，占据当地文化主导权的汉族移民文化占有欲在“文化大革命”那个思想被完全扭曲的年代得到极大的爆发，因而产生了对哀牢文化历史上的最后一次清洗，使得本来就少得可怜的哀牢文化遗存彻底荡然无存，使得哀牢文化的模糊记忆只能存在于历史文献中。这标志着现实生活中的哀牢文化在哀牢山周边地区的彻底消失。汉族移民的集体无意识在没有任何抵御的情况下实现了民族心理的极度扩张，使保山文化遗产遭受了极大的损失。

从所保存的建筑遗存看，顺龙寺在光绪年间形成整体规模，达到发展的辉煌时期。这一点也说明，河村的汉族移民在清朝末年基本上拥有了当地文化的主导权。由于河村顺龙寺所处的独特地理位置和承担的文化功能，在它周围聚集的汉族移民也越来越多，河村顺龙寺的影响力也逐步使河村成为哀牢山周边地区的文化中心。现在，河图镇政府就设在河村，管辖着包括哀牢山在内的哀牢文化的主要地域，成为汉族移民文化的中心所在地。移民文化与土著文化的历史博弈行进到今天，终于定格在河村顺龙寺所在地。

论汉晋时期哀牢区域汉族移民的特点

摘　要：哀牢区域本无汉族。先秦时，我国内地汉族先民开始移民到哀牢区域，于汉晋时哀牢区域出现汉族移民的第一个高潮。这一时期汉族移民以政治落籍移民、战争落籍移民和工商业落籍移民最多。

关键词：汉晋　汉族移民　哀牢区域　特点

哀牢区域是指司马迁称为西南夷地区之一的以哀牢民族为主体的滇西广大地区。哀牢民族与北方的羌、氐民族一样，是我国云南西部古老的民族。哀牢民族有三支：一支为濮人，一支为越人（滇越、鸠僚），一支为昆明人。据《华阳国志·南中志·永昌郡》载：哀牢之地极广，“其地东西三千里，南北四千六百里”，[①] 即东起哀牢山脉，西至印缅交界的巴特开山，南达今西双版纳南境，北抵喜马拉雅山南麓，包括滇西、滇南、缅北广大地区，“户二十三万一千八百九十七，口百八十九万七千三百四十四”，[②] 面积约一百三十八万平方里。

哀牢区域原本无汉族，现在却成了以汉族为主体的民族区域，这是历史上长期推行汉族移民政策和自然移民双重作用的结果。汉晋时期，哀牢区域出现汉族移民的第一个高潮，本文试图

① 耿德铭：《哀牢国与哀牢文化》，云南人民出版社 2003 年，第 9 页。

② 桑耀华：《论哀牢》，第 119 页，载《云南民族大学学报》（哲社版）2006 年第 1 期。

从哀牢区域汉族移民的特点来探悉哀牢区域汉化历程的一个侧面。

一、政治落籍移民

公元前3世纪末，因汉王朝初建，无暇顾及哀牢民族地区，曾一度采取“关蜀故徼”的措施。汉在经过七十余年的休养生息后，国力增强，经济雄厚，正式开拓哀牢族域的政治、经济、军事条件业已成熟。汉武帝刘彻时，汉朝天下殷富，财力有余，士马强盛。巴蜀地区更是地沃土丰，以致汉家食货，以为称首。汉武帝刘彻的北抗匈奴，南收南粤，西通西域的政策已取得初战的成功，为汉开拓哀牢族域提供了条件。特别是张骞西域归来，盛言打通蜀身毒国道利多弊少。而且，政治上的隔离状态已阻碍了社会经济的发展，故巴蜀人民已采取窃出商贾的方式来抵制汉朝的封闭政策。开发哀牢族域是巴蜀和西南少数民族地区经济文化发展的要求。开发哀牢族域已势在必行，汉武帝从而决定采取大规模开拓哀牢族域的行动。

汉武帝为有效地控制西南夷地区，令唐蒙和司马相如分别修筑“南夷道”和“西夷道”。“南夷道”在秦五尺道的基础上使其延伸至牂牁江流域和滇中地区（即石门道）；“西夷道”自蜀（成都）经临邛以达邛、笮地区，通洱海地区，再向西达永昌郡。[①]“唐蒙、司马相如开路西南夷，凿山通道千余里。”当时，工程极为艰巨，汉武帝派遣大批汉族移民进入永昌。同时，由于修筑两道耗费了大量的人力和物力，引起部分西南夷诸部的反抗。当时汉朝廷内持反对意见者乘机诋毁汉对西南夷的开发：“当是时，巴蜀四郡通西南夷，戍转相饟。数岁，道不通，士罢

① 何斯强：《论两汉时期西南地区的民族关系》，载《思想战线》1986年第5期，第71页。

饿离湿，死者甚众；西南夷又数反……上患之，使公孙弘往是问焉。还对言其不便……弘因数言西南夷害，可且罢。上罢西夷，独置南夷夜郎两县一都尉，稍令犍为自葆就。”汉武帝为了平西南夷，置益州郡。从此内地汉族先民移居云南，进入一个川流不息的时代。

汉初为了减轻西南夷各族人民的负担，各郡县官吏的费用粮食，一律从内地运往，“南阳，汉中以往，各以地比，给初郡吏卒奉食币物，传车马被具”。由于汉朝派到西南夷的官吏士卒所需物资越来越多，仅靠毗邻郡县供给已很困难，“悉巴蜀租赋不足更（偿）之”。加以运输困难，实难满足需要，因此汉武帝刘彻采取了徙民屯垦的政策。“募豪民田南夷，入粟县官，而受钱于都内”，即招募内地的豪民——地主、大商人到西南夷地区屯田。将内地贫困破产及犯“死罪”、“奔民”、“滴（谪）民”、“三辅罪人”① 等人移徙西南夷地区屯垦，“汉乃募徙死罪及奸豪实之”。

汉武帝通过政治移民，把死罪和重刑囚犯、豪强或难以统治的地方大户，大批地强迫迁移到西南夷地区落籍。“汉武帝时开西南夷，置郡县，徙吕氏以充之，因曰不韦县”。在西汉元封二年（公元前109年），汉武帝在今云南昆明晋宁置益州郡，下设24县，其中在哀牢国统治中心地今保山坝设置了不韦县，便徙吕不韦后裔——吕嘉家族自四川到此定居。故《华阳国志·南中志·永昌郡》说：“孝武时（西汉元封二年，即公元前109年），通博南山，渡兰沧水、溪，置嶲唐、不韦二县。徙南越相吕嘉子孙宗族实之，因名不韦，以彰其先人之恶。行人歌之曰：‘汉德广，开不宾。度博南，越兰津。渡兰沧，为他人。’渡兰

① 曹相：《云南古代汉族移民与社会经济的发展》，载《云南师范大学学报》1998年第5期，第44页。

沧水以取哀牢地，哀牢转衰。”①

汉武帝先后派了陈立等一批汉官到不韦县任县令。这是首批入迁哀牢区域的汉民。汉武帝迁入哀牢区域的汉移民估计为数不少，否则难以立足边地。

汉族先民移民云南其功绩有：“西南徼外，庄蹻所通。汉因大夏，乃命唐蒙。劳浸、靡莫，异俗殊风。夜郎最大，邛、笮称雄。乃置郡县，万代推功。”“若夫駹也冉也，邛僰也，越嶲也，滇也，则与我边鄙之民，犬牙相入，声息相通，物产相资，而非有駤戾冥顽，不可向迩者也。”自秦汉开通西南夷以降，则“滇云之壤，理学义节文章事功之选，肩踵相望，天所佑也，汉肇之也”。

汉王朝为了巩固统治，大量移民入滇，“募徙死罪及奸豪实之”。汉族的筑路民工、士兵、商人也进入“西南夷地区”，这些措施在客观上有利于少数民族和汉民族之间的经济文化交流，促进农业、矿业、手工业的发展。②

二、战争落籍移民

东汉初，平息王莽时期的混乱后，封建统治者对西南夷地区又横征暴敛，加之大汉族主义与地方民族主义的矛盾，最后迫使西南夷各民族起来反抗。其中，最著名的一次是益州郡夷帅栋蚕率昆明族人民举行的起义。《后汉书·西南夷列传》说，东汉“建武十八年（42 年），夷渠帅栋蚕与姑夏（今华坪）、叶榆（今大理）、弄栋（今姚安）、连然（今安宁）、滇池（今晋宁）、

① 肖正伟：《保山建置沿革史考》，载《保山师专学报》2001 年第 1 期，第 23 页。

② 孙长忠：《试论汉武帝的“西南夷”民族政策》，载《信阳师范学院学报》（哲社版）2005 年第 1 期，第 108 页。

建伶（今昆阳），昆明诸种反叛，杀长吏。益州太守繁胜与战而败，退保朱提（今昭通）。十九年（43 年），遣武威将军刘尚等发广汉、犍为、蜀郡人及朱提夷，合万三千人击之。尚军遂度泸水（今金沙江），入益州界。郡夷闻大兵至，皆弃垒奔走，尚获其羸弱、谷、畜。二十年（44 年），进兵与栋蚕等连战数月，皆破之，明年（45 年）正月，追至不韦（今保山），斩栋蚕帅，凡首虏七千余人，得生口五千七百人，马三千匹，牛羊三万余头。诸夷悉平”。这次战争达三年之久，结束于不韦县，汉军取得胜利。期间，每每“士卒死者什七”，“死者数万”。实际上，其中很多士卒和“转输者”是逃亡了，逃亡方向即是西部永昌。这些“逃亡、流落”者极有可能在永昌郡不韦县定居下来。

南中大姓在三国时利用中原分裂混战的机会发展自己的势力，《华阳国志·南中志》雍闿条云：“愚（雍闿）闻，天无二日，士无二王。今天下派分，正朔有三，远人惶惑，不知所归。”永昌郡大姓吕凯、王伉则采取依靠蜀国来发展壮大自己的势力，因而据永昌抗雍闿以取得蜀国的支持，“（吕）凯与府丞蜀郡王伉帅厉吏民，闭境拒闿”。蜀丞相诸葛亮的“南征”战后，诸葛亮实行“南抚夷越”的政策，利用和支持大姓，任命大姓实力强大的爨习、孟琰、孟获等为蜀汉的官吏，爨习官至领军，孟琰为“辅汉将军”，孟获为“御史中丞”。对一般大姓则“劝令大姓富豪出金帛，驱策恶夷为家部曲，得多者弈世袭官，于是夷人贪货物，以渐服属汉，成夷汉部曲”。“分其羸弱，配大姓焦、雍、娄、爨、孟、量（董）、毛、李为部曲。”这些措施增强了大姓的武装力量和劳动力。

魏晋时期，战乱不止。南中地区成为大姓、夷帅争霸的战场。是时，成汉政权割据四川，云南各郡、县的大姓、夷帅，或附晋室，或依成汉，争战不休，社会经济遭到极大破坏。《华阳国志·南中志》记：“时荒乱后，仓无一斗，众无一旅，官民虚弱，绳纪废弛。”汉族移民为避战乱，“晋民或入交州（今越南北部），或入永昌”。[①]

西晋对南中夷、汉各族进行政治控制和经济剥削，对大姓、夷帅施加种种压力和限制，夺取大姓部曲，侵犯大姓和夷帅的利益，结果导致302年以后大姓、夷帅与晋朝校尉、郡守之间长达半个世纪的争权夺利的斗争。《华阳国志·后贤志·李毅传》记载，西晋太安年间（302—303年），宁州刺史李毅、王孙强暴统治，“夷遂大反，破没郡县，攻围州城”。一些汉族逃难者，不逃邻近郡县，却不避山水险恶远走永昌，因为永昌其时社会还较稳定，是逃难者生存的好去处。这些逃难者，最后也就变成了在这里扎根的汉移民。

三、工商业落籍移民

哀牢王国时期，社会经济发展水平较高。《后汉书·哀牢传》云，哀牢“土地沃美，宜五谷蚕桑，知染采文绣，罽毲帛叠，兰于细布，织成文章如绫锦。有梧桐木华，绩以为布，幅广五尺，洁白不受垢污。先以覆亡人，然后服之。其竹节相去一丈，名曰濮竹。出铜、铁、铅、锡、金、银、光珠、琥珀、水精、琉璃、轲虫、蚌珠、孔雀、翡翠、犀、象、猩猩、貊兽”。这说明，哀牢各部的农业已是种五谷蚕桑，手工业尤为发达，能纺织帛叠、兰干细布、桐华布多种，且知染色、刺绣，已知开采冶炼金属和制造装饰品。由于经济发达，永昌郡成为哀牢族的政治经济中心、商品物资集散地和“西南夷”的商业重镇。

哀牢族域（永昌郡）是蜀身毒道的必经之地，滇越哀牢各部与蜀商甚至缅、印商人有商业交往。根据《史记·大宛列传》

---

① 林超民：《汉族移民与云南统一》，载《云南民族大学学报》（哲社版）2005年第3期，第107页。

记载说，在昆明之属旁边，“闻其西可千余里有乘象国，名曰滇越，而蜀贾奸出物者或至焉”。《华阳国志·南中志·永昌郡》载，“其华若游丝，民绩以为布，幅广五尺”的哀牢布（桐华布和兰干细布）大量生产外销，哀牢族各部用多余的桐华布进行交换。蜀商还将哀牢所产的帛叠、桐华布贩运内地和身毒等国，并将身毒等国的琉璃、光珠、蚌珠等装饰品带回哀牢地区。在腾冲城西八里宝峰山下汉墓中，曾出土汉五铢钱千余枚，这是蜀商到此的明证。近年来又在德宏地区发掘出土了琉璃等舶来品，可做滇越与缅、印商业贸易往来的佐证。

哀牢王国处于蜀身毒道——战国中期南方丝绸之路的要道上，永昌郡也成为西南对外交往的重要门户。永昌郡设置以后，不仅永昌地区哀牢等族更有机会和内地人民相互交往，而且永昌周围地区的一些民族也和内地建立新的联系。居住在“永昌徼外”的掸人（今傣族先民）和滇越是同一地区同一民族的不同称呼。公元1~2世纪时，掸人无论在经济、政治方面均有较快的发展，已建立起第一个政治组织——掸国，雍由调做了三十余年的“掸国王”。掸人注重发展与邻国的关系，与四周各族部的联系也很频繁。掸国南通大秦，经伊洛瓦底江与东罗马等国交往；北上永昌，经西南夷进贡汉王朝。《后汉书》本纪曾记载，掸人在东汉永元九年（97年）、东汉永宁元年（120年）、东汉永建六年（131年）三次派遣使团到东汉王朝的首都洛阳朝贡，并奉献了珍宝和在宫廷演出了精湛的文艺节目。特别是第二次，“永宁元年掸国王雍由调复遣使者诣阙朝贺，献乐及幻人，能变化吐火，自肢解，易牛马头，又善跳丸，数乃至千（十）”。作为蜀身毒道上的交通枢纽，永昌郡就成为掸人的必经之处，掸人庞大的派遣使团也给永昌郡的工商业发展带来了动力。

作为“西南夷”的商业重镇和交通要道口，永昌郡对汉族移民来说显然具有极强的吸引力。这里的纺织、玉雕等手工业发达，需要大量的手艺人；这里的冶金资源丰富，需要大批的开矿劳动力；这里南来北往的使团多，需要旅店饮食服务提供者；这里贩卖哀牢布能获取可观的利润，吸引了各地想发财的商人。这些汉族外来人员来到哀牢境地，享受太平盛世，因而乐不思蜀。久而久之，有些必然成为常住户，最后也就汇入了移民群落。这一类工商业移民，至今都是移民群落的重要组成部分。

汉代“重农抑商”，商人在内地社会地位低下，因此，四川商贾们多向云南地区发展。张骞出使大夏看到的邛竹杖就是四川商人由云南贩运到印度再到大夏的。司马相如的岳父卓氏也是因“行贩卖于滇蜀之间”而致富的。上古也是当时云南汉族人口的一部分。①

汉晋时期，哀牢区域虽有不少汉族移民落籍于此，但总体规模不是很大，和明朝时哀牢族域的大规模汉族移民相比，则是小巫见大巫。当时，哀牢民族人口仍占绝对多数，夷多汉少是哀牢区域人口的总体格局。这些早期移民很大程度上不是汉化了当地的土著居民，而是被当地的土著居民夷化了。

---

① 苍铭：《云南汉族的来源》，载《民族工作》1997年第10期，第45页。

第三部分　文化营销学

文化营销舞长空

——读熊清华、木霁弘编著的《万世其昌——行走在古代的保山》有感

摘　要：《万世其昌》由三部分构成：保山文化故事、哀牢往事和永昌歌行。由于是“以文化的视野去展示”保山神奇壮美的历史文化，因而无论是图文内容的选择搭配，还是图书的装帧编排，《万世其昌》都体现出一种浓厚的文化气息。《万世其昌》已经表明，保山的文化旅游产业不仅有民族文化建设理论的坚实基础，更有立足于产业实践的文化营销。保山的文化旅游注重多层次的全方位建构，实现了保山文化旅游产业的跨越式发展。注重塑造品牌，借助民族文化展示品牌的魅力，在文化营销战略的推动下发展文化旅游产业，这可能是《万世其昌》及其上述丛书给我的最大启迪。《万世其昌》的睿智、品位与气息无不昭示着保山文化的精彩

关键词：保山文化　文化营销　文化旅游　文化产业

这里有亘古悠久的历史文化！
这里有独特富饶的自然资源！
这里有神秘美丽的民族风情！
这里有直通南亚的区位优势！
这里有梦幻激荡的峡谷风光！
这里有天人合一的绿色家园！

当我仔细拜读了熊清华、木霁弘编著的《万世其昌——行走在古代的保山》（云南民族出版社 2007 年版）一书之后，对保山的文化旅游有了更深的了解。

起初，我以为保山的文化旅游还仅仅停留在感性的产业建构上，缺乏深层次的地区形象塑造与文化营销。拜读了《万世其昌》之后，才觉得自己是多么的肤浅无知，对保山的了解是多么的缺乏，对保山文化产业的认知是多么的短视。作为保山的一名民族文化研究者，我为《万世其昌》的出版感到骄傲，感到自豪！因为《万世其昌》已经表明，保山的文化旅游产业不仅有民族文化建设理论的坚实基础，更有立足于产业实践的文化营销。在保山文化产业的发展历程中，搏击长空、长袖善舞的熊清华先生注重理性地发展文化产业，给我们希望！

（一）

保山的文化旅游尽管起步较晚，但是起点较高，显示出较强的后发优势。保山的文化旅游注重多层次的全方位建构，以腾冲火山热海文化旅游节、中国保山南方丝绸古道商贸旅游节等为主线，在打造隆阳中心、强化腾冲龙头的基础上，按照“两极带动、三足支撑、两点互动、协调发展”的总体布局，做精腾冲、做强隆阳、做优龙陵、发展昌宁和施甸，实现了保山文化旅游产业的跨越式发展。

让保山人感到自豪的是，保山拥有中国最具魅力的名镇——和顺。在 2005 年 10 月中央电视台进行的中国魅力名镇评选活动中，和顺以最高票数荣膺中国十大魅力名镇之首。作为民族和生物多样性的典范，高黎贡山国家级自然保护区更是横断山脉中一颗璀璨的明珠，正在进入全国旅游者的视野。可以说，和顺古镇的脱颖而出和高黎贡山的原生态开发将保山的文化风貌第一次推向了全国的大舞台，逐渐成为保山旅游的巨大亮点。保山的文化旅游也开始翻开新的一页！

保山的文化旅游不仅善于突出重点，还积极塑造旅游品牌。针对保山的自然资源优势，保山正在打响“健康旅游”的品牌。保山的“健康旅游”采取亲近自然、体验文化、享受生活、关爱生命的发展理念，通过精心的设计与开发支撑健康旅游理念系列产品，营造健康休闲的环境氛围，树立健康旅游的品牌形象，率先把腾冲打造成中国著名、世界知名的具有丰富内涵的健康旅游目的地。保山对“健康旅游”的品牌塑造已经得到了中央和省委、省政府领导的充分肯定和广大游客的广泛认可，初步取得了市场成效。

这一切应该归功于民族文化建设理论的支撑，归功于文化营销的发展理念。作为云南民族文化大省建设理论的探索者，熊清华先生不仅仅从理论层面把握保山文化旅游产业的发展方向，而且还从实践层面建构保山文化旅游产业的品牌形象，使保山的文化旅游产业迈入了一个新的境界。

（二）

有人说，一个地区的发展不仅要靠实力，还要靠魅力。对于一个本来已经存在的形象，要进行优化和建设，提升其魅力，这是有相当的难度的。但是，熊清华、木霁弘先生却以学者的洞察力实现了这种突破，把保山的文化旅游产业推向了发展的快车道。

文化旅游产业的发展离不开旅游形象的吸引力，离不开基于品牌塑造的文化营销。怎样设计旅游形象，怎样使旅游形象最快地传达到每一个游客的眼中，决定着保山的文化旅游产业的发展效益。作者以自然资源优势为核心，以优秀旅游城市为目标，以民族风情和历史文化为依托，强化文化营销力度，循序渐进地推进文化发展战略，保山最终取得有史以来最好的成绩。

保山的文化营销可能始于和顺古镇的旅游开发，熊清华先生主持编著的“中国最具魅力名镇和顺研究丛书”就是保山文化营销的发轫之作。该丛书由《历史和顺》、《环境和顺》和《人居和顺》三部书构成，全方位展示了和顺古镇的历史文化魅力。接着，熊清华先生又推出“高黎贡山研究文丛”，该丛书由《高黎贡山周边社区研究》、《高黎贡山自然与生物多样性研究》、《高黎贡山民族与生物多样性保护研究》三部书构成，成为该文丛的基石，将高黎贡山的原生态魅力挖掘殆尽，向游客和盘托出，最终必将征服每一位游客的心。现在，《万世其昌》又瞄准哀牢和永昌文化，以诗篇、美文展示其民族历史价值，将一个神秘悠久的保山推向文化旅游市场的大舞台上。

保山的文化旅游产业能够取得今天的成就，我想，这与作者的文化营销理念分不开。注重塑造品牌，借助民族文化展示品牌的魅力，在文化营销战略的推动下发展文化旅游产业，这可能是《万世其昌》及其上述丛书给我的最大启迪。

（三）

《万世其昌》由三部分构成：保山文化故事、哀牢往事和永昌歌行。单从这三部分的说法来看，我们就能够感受到一种古朴、悠远的文化厚重感，更不用说那些立足于营销旅游景点的诗篇、美文给人带来的历史沧桑感。

对于保山的风景名胜，书中均有诗文予以展示其历史文化内涵。欲知哀牢胜景，宋朝有段中庸写的《哀牢夫人残碑》和袁桷写的《哀牢夷帝张子元佥事云南》，明朝则有刘坊写的《哀牢金井》和杨士云写的《哀牢》等，九隆神话的人类学意义则是这些诗文中蕴涵的恒久价值。欲知金鸡名胜，看看三国诸葛亮的《荐吕凯表》和吕凯的《答雍闿书》，金鸡名人吕凯的高风亮节由不得你不产生敬佩之情。欲知汉庄故地，读读明朝曹遇的

《诸葛营》和毛铉的《汉营走马》，永昌移民的激战岁月将会勾起你更多的沧海桑田之感。

该书图片的运用也非常讲究。常见的图文并茂的文化旅游类图书一般都比较急功近利，图片和文字的衔接非常紧密，在编排上地位也同等，推销旅游景点的意图一览无余。《万世其昌》却反其道而行之，淡化营销的意图，让包含美景、风情、历史的图片退出主体地位，而是作为承载文字的背景，显示出来的效果就是保山的历史文化就存在于现实生活之中。编著者没有标明图片的名称，而仅仅只展示保山历史文化的多姿多彩，其目的可能就是给读者留下遐想，让他们去打听，让他们去探寻，促使他们亲临美景胜地。然而，这一做法却更强化了《万世其昌》的文化品位，使图片承载的历史文化与名胜风光显示出一种少见的雍容气度。

由于是“以文化的视野去展示”保山神奇壮美的历史文化，因而无论是图文内容的选择搭配，还是图书的装帧编排，《万世其昌》都体现了一种浓厚的文化气息。虽然《万世其昌》立足于保山历史文化常识的介绍，是一本文化方面的书籍，但是我更愿意把它看做是文化旅游的营销图书。这也正体现出作为领导者和学者的编著者的功力。他们不想把书编写得太商业化，而是希望读者能够从中“阅读和感悟保山的文化生命及其价值”，进而“用文化的力量去实现”文化旅游产业的兴旺。

总之，文化旅游的营销图书不仅需要有学者的理论见识，还需要有产业者的营销实践，《万世其昌》这本书就是建立在这两者的基础之上的典范。《万世其昌》的睿智、品位与气息无不昭示着保山文化的精彩。

文化散文的理性范本

——评文化散文集《至爱极边》和《语境保山》

摘 要：《至爱极边》和《语境保山》是文化散文的理性范本。这两部文化散文集已经给我们呈现了一个写作文化散文的理性模式，这就是以文化营销的经济理性意识为主导，以文化人类学为视角，通过整体性构思来建构地方文化形象体系，借助大气磅礴的表象风格强化散文的感染力，力求在文化散文的传播过程中营销地方形象，最终达到推动地方经济文化发展的目的。

关键词： 文化散文　文化营销　文化人类学　整体性构思　地方文化形象

2007年9月，熊清华先生的两本散文集《至爱极边》（人民文学出版社）和《语境保山》（作家出版社）一面世，便震惊了沉闷已久的散文界。纵观文化散文的发展史，我们并不难撷取几朵璀璨的浪花。但是，仔细品读了《至爱极边》和《语境保山》之后，我觉得我们的文化散文有了新的超越，开辟出了新的境界。熊清华先生以他那经济学专家的理性营销意识，立足于经济文化发展的战略高度，将保山的民族文化纳入宏阔壮观的发展视野，以大气磅礴的风格演绎出至爱极边的深厚情感，凭借坚实厚重的学术品位诠释了一个崭新的文化保山，把我们的文化散文推向一个新的高峰。

一、营销：地方形象的整体设计

以我的眼光看，熊清华先生的散文应该属于文化散文。说到文化散文，我们不得不提到的就是著名的文化散文作家余秋雨，其《文化苦旅》、《山居笔记》等文化散文集问世后的巨大反响就说明了当今散文发展的必然趋势。他关注中国文化，反思在蒙昧的历史进程中艰难跋涉的中国知识分子群体（如《都江堰》），审视镌刻着无数历史人物足迹和印记的文化名城、风景名胜、地域场所等空间存在（如《江南小镇》），重新诠释凝聚着厚重文化内涵的常见物象（如《废墟》），通过对这些言说对象的挖掘，展现了一幅漫长的中国文化演进的巨幅画卷。

余秋雨先生是文化散文的旗帜，在文化散文上的行走如行云流水，并不停留于某一个地方，而是天马行空般地驰骋于祖国的大江南北，体现了一种哲理情思上的洒脱。铁肩担道义，妙手著文章。熊清华先生的散文则与之相反，他没有余秋雨先生的那份洒脱，也没有漫行于全国各地的那种情思，而是只瞩目于祖国西南极边——保山，辛勤耕耘于边地的人文时空，力求集中最强的笔力展示边地的人文内核，树立边疆地区的地方形象，为推动祖国西南边疆地区的经济文化发展作出自己应有的贡献。

《至爱极边》和《语境保山》的这种地域色彩，可以说既是文化散文的一种发展倾向，也是熊清华先生的责任心与良知的集中体现。热爱这片热土，集中笔力写这片热土，树立这片热土的文化形象，推动这片热土走向多元文化交流与对话的历史进程，这是熊清华先生的文化散文自成高格的地方。尽管有人可能会认为，这是文化散文的功利化，是文学的一种堕落，但是我觉得，这是中国文学文以载道精神在文化产业发展大潮新形势下的一种传承与发扬，是文学的必然走向。我不否认独抒性灵的纯文化散文的作用，但是，我认为那是风花雪月，是一种不管社会责任的

"小我"之行径，决不是熊清华先生那种胸怀发展地方经济文化责任的"大我"所应有的作为。

由于熊清华先生是一位经济学专家，因而经济理性也作用于他的文化散文，使他的文化散文又显示出较强的整体性来。《至爱极边》和《语境保山》两本散文集既自成体系，又共同构筑了一个新的形象体系。《至爱极边》以地域空间为体系立足点，为保山的一区四县分别写作，探寻每一个区县在文化上的精气神，建构他们的文化内核："古道悠思"写隆阳区，把南方古丝绸之路的最后驿道作为解读隆阳区的唯一钥匙；"至爱极边"写腾冲，把文化名邦的神奇魅力作为构筑腾冲未来蓝图的坚实之基；"松山何以巍巍"写龙陵，把国难危亡之际的滇西抗战作为龙陵屹立于文化之林的标识；"昌宁不是梦幻"写昌宁，把融合天人合一之和谐思想的边地文化作为昌宁"永昌"的根源；"施甸味道"写施甸，把民族历史与地方风情（如年猪饭和腌腊肉）作为施甸给人以动人"味道"的渊薮。《语境保山》则以保山文化形象为体系基点，侧重从形象展示的角度列举最具魅力的十大亮点——沧江怒水、高黎贡山、丝绸古道、火山热海、侨乡和顺、斯巴圣地、巍巍松山、柔美潞江、西部兰城、翡翠边城，将保山文化形象体系的核心建构起来，让人们能够尽快获得有关保山文化形象的最深刻印象。《至爱极边》诠释的是保山文化形象的内在本质，《语境保山》描绘的是保山文化形象的外在表象，它们共同构成了文化保山的形象体系。

可以说，如果没有对保山民族文化的深度研究，没有发展经济文化的高度责任感，任何人都难以像熊清华先生这样具有艺术的理性高度——既能够把握地方文化的本质又能够抓住具有独特魅力的表象。如果依靠单独一篇的文化散文来构筑地方文化形象，这样的单篇文化散文可能太杂太泛，笔力不集中，其感染力和冲击力必然也会大打折扣，艺术性将受到极大的制约。以单篇散文的艺术性和整本散文集的形象体系性来构思，这是熊清华先生在写作这两本散文集的独特之处，也是作为一名经济学专家的经济理性激发的文化营销意识的体现。地方文化的文化功能在这种超凡脱俗、别具一格的体系构思中得以发挥，这是以前的任何文化散文作家都难以达到的艺术人类学高度。

二、视角：主客互动的文化阐释

文化人类学理论很注重作者审视问题的主位与客位的视角关系。持主位视角的作者，他们一般都深爱自己立足的这片土地，对这片土地倾注自己满腔的热情，因而写的文章充满激情，具有厚重的文化气息。持客位视角的作者，则对笔下的对象较为超脱，具有开阔的视野，不会受到乡情乡音的制约，因而看问题更为客观全面，文化的对话与交流在文章中体现得更为明显。如果将主位视角和客位视角结合起来，这样的作者则会扬长避短，融合这两种视角的优点，在开阔的视野下将文章写得声情并茂，震撼人心。不过，主位与客位的结合，又有两种作者，一种是由主位进入客位——由热爱这片热土到离开这片土地，身处异地而写故乡的作者；一种是由客位进入主位——由他乡来到这片热土，身临其境写这片热土的作者。这两种作者，写作更见水准的应该是后一种，因为身处异地写故乡，物是人非，浓情蜜意已逝，乡情乡音渐渐模糊，心灵的感悟难以达到至高的境界。由客位进入主位的作者，带着新的思想，拥有开阔的视野，深爱着这片热土，至情至境，进而才有可能演绎出至臻境界的美文。

熊清华先生就是由客位进入主位，将主位视角与客位视角融合得最为经典的散文作家了。熊清华先生是昭通人，保山不是他的第一故乡。昭通是一个出作家的地方，现在的昭通作家群就正在诠释着昭通人文的内蕴。在昭通人文精神浸润下成长起来的人，即便是远离昭通那片神奇的土地，也会在一定的条件下激发出文化艺术的灵感。特别是在新鲜的生活、新颖的景观和满腔的热情的互动熏陶下，充满张力的文学细胞和新鲜的现实的相互激荡，写作的灵感自然而然就会爆发。更何况，他还曾在云南省会城市昆明生活过很长一段时间，整体把握云南发展情况的宏观视野也使他善于把保山与云南其他州市相比较，进而挖掘出保山独具特色的民族文化，于是才有《至爱极边》这本散文集中有关保山四县一区的独特品味，也才有《语境保山》这本散文集中发现与建构的保山十大名片。

“生活中不是没有美，而是缺少发现美的眼睛。”著名艺术家罗丹的至理名言就已经说明，熊清华先生之所以能够推出只属于他的这种大气磅礴的文化散文，关键还是在于他具有一双善于发现美的眼睛，这双眼睛具有超越时空的文化视角，不局限于一时一地和一景一物，而是善于在想象的情感空间里进行比较与鉴别，挑拣出最具有文化内涵和价值的意象。当然，这种意象的营造在材料的选择上也仍然依赖于地方风物和民俗文化。尽管熊清华先生不是地方文化专家，也不是文化人类学者，但是，他对保山的地方文化事象却烂熟于心，对文化人类学理论也达到一定的程度，这种文化素养为他文化散文的写作奠定了坚实的基础。

文化的多元与差异，是民族文化在对话与交流中凸显价值的基点，也是实现民族文化认同的心理根源。熊清华先生在经济见识和文化熏陶的互动下，通过其人生经历所拥有的特殊视角，探寻到保山文化的独特性，并重新进行文化阐释，实现了在多元文化语境下的保山地方形象的建构，确立了保山文化形象在全省、全国乃至全世界民族文化当中的独特地位，同时也增强了保山文化形象在多元文化视野当中的品位和竞争力。

三、风格：大气磅礴的文化散文

读朱自清先生的《背影》、《春》等，我们感受的是在美景与事实中渗透的真挚情感；读杨朔先生的《荔枝蜜》、《香山红叶》等，我们感受的是托物言志式的精辟哲理；读李广田先生的《花潮》、《山水》等，我们感受的是“春光似海，盛世如花”的热闹情景。这些散文大家都没有将描述对象建立在具有文化内涵的物象上，也没有渗透文化人类学的意味。熊清华先生的散文则多角度、多侧面地透视某一景观或物象，在一种多元开放的文化视野中发散式地赋予所写对象广阔、丰富的含义，在散文中营造出一种少见的文化气息。

大气磅礴、激昂豪迈是熊清华先生文化散文的风格。我想，这种风格的形成主要基于两点：一是作者对保山这块土地的无比挚诚的大爱，不用说对“腾冲冬日的阳光”的“宽大温暖”的感觉，单是“至爱极边”这样的标题也就充分说明了这是从作者“内心深处都时时发出的一个声音”；二是作者看保山文化的立足点，从保山经济文化发展的高度高屋建瓴地审视保山文化，显示出散文中特定“大我”的博大胸襟，其对松山的文化阐释——因为我潜意识中觉得松山应该是龙陵和保山的一张名片，在今天的经济文化建设中应该发挥它应有的作用——就是这位保山大地之子基于高视点作出的深沉思考的最好说明。就是因为有大爱，就是因为高视点，字里行间才会渗透作者的精神风貌，才会使笔下之景和眼中之象情溢于中，成为主体精神建构出的优美的文化散文。或许，作为一名具有较高学术见识的经济学专家，在理论研究与民族文化交互浸润下所形成的理性修养更让作者能够轻松自如地驰骋在感性与理性交融的认识王国之中，在交融着感性和理性的具象式理论言说中显示出散文发展中独具一格的学术品位。如果说余秋雨的散文是一种人文哲理的反思，那么熊清华的散文则是一种文化魅力的展现，更具有气势，更加激昂。

熊清华的散文不是那种雕琢出来的美文，而是一种功夫在诗外、水到渠成似的美文。他善于选择那种具有博大意境的物象来寄寓自己的情思，成为作者自我的化身：高黎贡山、巍巍松山、火山热海，高耸心间；沧江怒水、丝绸古道、柔美潞江，飞舞笔端；侨乡和顺、西部兰城、翡翠边城，透射情感。他并不刻意追求写作技法，而是任由情意酣畅淋漓地抒发，熔铸至情的主观感受和简略几笔就见风韵的白描是他散文中最见精、气、神的写法。实际上，我们很难见到精雕细琢的写景状物，更多的是激昂豪迈、气贯长虹的理性言说，体现出“行所当行，常止于不可不止”的行云流水般的大气风格。

因为高视点，我们才能够感受到文化散文的大气磅礴；因为有至爱，我们才能够感受到文化散文的激昂豪迈。虽然我们这个时代不再是辛弃疾、岳飞所处的那种时代，但是我们同样也可以具有那种爱人民、爱国家的激情，也可以像他们一样写出激昂豪迈的诗篇。特别是身临边地，目睹边地与内地之间的巨大的经济文化差距，具有高度责任感的有识之士必然会产生一种急起奋追的紧迫感，利用一切可能的手段大声呐喊，以期实现天下大同的宏伟理想。熊清华先生将急迫感和大声呐喊转化成动力，转化成大气磅礴、激昂豪迈的文化散文风格，转化为一种具有学术品位的博大意境，使得这种具有大气磅礴、激昂豪迈的散文风格也成为他人生奋斗的真实写照。

四、范本：走向理性的文化散文

文化散文并不是新生事物，也不是余秋雨先生的专利。实际上，文化散文在古代就已经诞生了，只是我们并没有用文化人类学理论来关照它。谈天说地，引经据典，民俗掌故等等，将文化事象写进散文的这些做法实际上就是文化散文的先兆了。特别是游记小品，将收集到的民俗事象写进文章中，以事以景写意，娓娓道来，我们对此类散文并不陌生。周作人的《故乡的野菜》，林语堂的《记元旦》，秦牧的《社稷坛抒情》等等，这些现当代散文基本上都是这样：即将文化事象作为散文的写作依托，将自己的情感渗透到文化事象的描述之中，进而取得具有丰富意味的艺术效果。

文化散文之所以到余秋雨先生这儿才广为人们关注，这当然与余秋雨先生的努力分不开。余秋雨先生具有鲜明的文化意识，专注于文化事象，注重营造文化气息，使这一类散文与其他类别的散文相区别，分化出来，取得独立的地位。余秋雨先生的文化散文取材广泛，不受地域限制，只要进入眼中的事物有利于文化反思，他就随手拈来。由于余秋雨先生的文化主体精神在写作当中积极参与散文意境的建构，所以他的文化散文才能够体现出鲜明的文体特征来。再加上以《文化苦旅》来命名它的散文集，将散文的文化意识予以极度的张扬，给中国的文学界留下了深刻的印象，进而产生对文化散文这种类型的广泛认同。余秋雨先生也就成了文化散文的旗帜了。

余秋雨先生的文化散文独领风骚了许久。尽管有一些散文家也涌入到这一潮流当中来，但是，直到今天，散文界都还没有出现突破余秋雨先生的文化散文的人。现在，熊清华先生从另类空间插入散文界，以经济理性的另类思维来写作散文，通过集中笔力写地方文化，在树立地方形象的散文写作中，获得了意料不到的收获，实现了对余秋雨先生所创立的文化散文的新突破。

视角与意识是熊清华先生的文化散文所取得的第一个突破。余秋雨先生的文化散文更多的是文化意识，注重的是文化反思，这可以从他写的《废墟》、《都江堰》、《柳侯祠》等一系列文化散文中看出来。熊清华先生的文化散文坚持文化营销的意识，立足于文化人类学的视角，大力弘扬与展示民族文化的精髓，树立美好的文化形象。当然，熊清华先生的这种导向与他所处的时代环境分不开，是在文化产业发展大潮中酝酿出的一种进取意识。

熊清华先生的文化散文所取得的第二个突破是文化散文的整体性构思。以余秋雨先生文化散文的代表作《文化苦旅》来看，除了自序和后记之外的所有散文都只是一个零散的组合，我们是看不出这些文化散文之间的整体的联系纽带的。熊清华先生的文化散文则具有鲜明的整体联系性，不论是《至爱极边》还是《语境保山》，都具有一定的逻辑体系。例如《至爱极边》，这本散文集收录的5篇散文，除了考虑区县的重要性外，还按照文化的内在逻辑来看问题。例如，《古道悠思》为什么要排在第一位？实际上，《至爱极边》给出了答案的："保山是一部想读懂但又一下子难以读懂的书，而穿越这片土地的南方古丝绸之路的最后驿道，就是读懂这本书的唯一钥匙。"也就是说，熊清华先生以每一篇散文为基本元素构成一部书，构成一个地域文化体系，然后又以每一部书为部件构成一个文化形象体系。这种整体性构思应该算得上是前无古人的艺术创新。

文化散文的营销定位是第三个突破。文以载道是中国文学的传统精神之一。其中的"道"，传统意义的理解就是寄托的哲理与情思。即便是余秋雨先生，他的文化散文也没有脱离这样的窠臼。但是，熊清华先生则将他对市场营销的独特理解纳入文化散文中来，将文化散文作为营销地方形象的工具，借助民族文化建构地方形象体系，借助文化散文的传播宣传地方形象，提高边疆地区的知名度与美誉度，最终达到发展地方经济文化的目的。可以说，在熊清华先生的文化散文里，文以载道的"道"不仅仅是寄托的哲理与情思，而且更是营销地方形象之道，是最具有营销效果的艺术之道。

总之，《至爱极边》和《语境保山》是文化散文的理性范本。这两本文化散文集已经给我们构建起一个写作文化散文的理性模式，这就是以文化营销的经济理性意识为主导，以文化人类学为视角，通过整体性构思来建构地方文化形象体系，借助大气磅礴的表象风格强化散文的感染力，力求在文化散文的传播过程中营销地方形象，最终达到推动地方经济文化发展的目的。这也就是我将《至爱极边》和《语境保山》看做是文化散文的理性范本的原因。

保山民族文化的艺术丰碑

摘　要：有文化良知的民族看重传统文化，在保护和开发传统文化的基础上发展经济，永远不忘民族的立身之本。《隆阳区非物质文化遗产名录》和《隆阳民间文学集成》这两本书是迄今为止保山民族民间文化当中最有价值的两部著作，填补了保山民间文艺方面的历史空白。犹如一座巍峨的丰碑高耸在保山民族文化的历史长廊中，记录着哺育了保山民族文化的这片悠远的艺术沃土。

关键词：保山民族文化　非物质文化遗产　文化保护　文化旅游　民族研究

近日看到《隆阳区非物质文化遗产名录》（53.7 万字）和《隆阳民间文学集成》（50 万字）两本书，我的眼睛一亮，既为之震惊，也格外的敬佩。《隆阳区非物质文化遗产名录》一书由丁今主编，文化艺术出版社出版，《隆阳民间文学集成》一书由丁今、肖正伟主编，中国文联出版社出版，它们是隆阳区文化馆所有文化工作者及其同仁三年普查的结晶。这两本书的装帧特别具有文化的厚重感，所汇集的非物质文化遗产几乎囊括了隆阳区的民族民间文化。从某种意义上说，这两本书应该是迄今为止保山民族民间文化中最有价值的两部著作，填补了保山民间文艺方面的历史空白，在保山民族文化的历史长廊中，记录着保山民族文化的精彩。

（一）

在来保山之前，我就从书本上得知了历史悠久的哀牢文化和永昌文化。来到保山之后，我就马上开始在保山坝作田野调查。当时，我是多么想找到一些有价值的历史遗迹。然而，我却发现曾经光耀史册的哀牢文化和永昌文化却罕见物质文化的痕迹和民族文化的遗韵。作为一名民族民间文化艺术的研究者，我为保山失去历史文化遗存感到心痛不已！

历史的车轮不可避免地要向前进，越来越多的现代化因素也必然要渗透在我们的生活中。如果用现代化的观念主导我们的经济发展，传统文化就必然会被忽视，甚至被当做牺牲品。历史事实已经表明：割裂历史文化，摧毁文化遗产，漠视残存遗迹，这样的情况在全国各地都见怪不怪，在保山也极其严重。来保山后，我也曾目睹过这样的事情。保山的民族民间文化在现代化的冲击下正在急剧消失，生存环境日益恶化，一些靠口头和行为传承的技术、礼仪、节庆、游艺、文艺等面临着后继乏人的局面。随着最后一代传人的去世，有些民族民间文化将面临灭绝的危险。可以说，保护文化遗产刻不容缓。

我国各族人民在长期历史发展过程中创造的民族民间文化丰富多彩，源远流长，是中华文化的根基和重要组成部分，是承载中华民族精神与情感的重要载体，也是维系国家统一、民族团结的基础和联系世界的桥梁。因此，保护文化遗产就是保护我们的民族立身之本。党和政府已经意识到了这一点，设立了中国文化遗产保护日，启动了中国民族民间文化保护工程，以此强化对文化遗产的保护。保山隆阳区的文化工作者响应国家的号召，积极投身文化保护工作中，历经三年的艰辛普查，终于实现了对非物质文化遗产的挽救性保护。他们走在了全市乃至全省的前列，成为塑造艺术丰碑的开拓者，《隆阳区非物质文化遗产名录》和

《隆阳民间文学集成》两本书的出版就是最好的证明。

保护文化，也就是传承文化。作为保山市民族民间文化保护工程的重要组成部分，《隆阳区非物质文化遗产名录》和《隆阳民间文学集成》两本书必定会将保山市的悠久历史文化传承下去。

（二）

《隆阳区非物质文化遗产名录》和《隆阳民间文学集成》两本书的价值不仅仅在于对保山民族民间文化的保护与传承，更重要的是，它们还为保山市发展文化产业奠定了坚实的基础。

文化旅游是目前发展最为迅速的产业之一。建一个景点，推销一个景区，靠的是什么？除了优美秀丽的自然景观外，当地特色文化就是对旅游者最具有吸引力的，也是景点、景区经营的重点。厚重的历史文化感，浓郁的民族文化氛围，靠什么来营造？只要走进民族生态博物馆，或者是民族村寨，我们就能体会到，民间美术、民族工艺、民族舞蹈、民族建筑等民族民间艺术是其中水乳交融的元素。甚至可以这样说，一个民间神话故事或者是一个历史传说就能够将景点、景区“玩火”。所以，保护好这些民族民间艺术，建造出具有游览价值的旅游景点、景区，对发展文化产业来说显然是一条有价值的探索之路。像《保山西庄：猪八戒的故乡》这样的神话传说，如果能够充分利用，完全能够借助“猪八戒”的知名度打造出一个让保山闻名海内外的著名景点。

即便是撇开文化旅游这一块，从文学创作的角度来看，我们也能够为保山的文化产业找到一条值得尝试的发展之路。诺趣的慌张三（《焐烂眼》、《龙王缺的东西》、《火烧房子》等），羁旅边地的杨慎（《杨状元智惩刁官》、《杨升庵的传说》、《杨慎与张含和诗》等），回民领袖杜文秀（《杜文秀避祸上拉堡》、《杜文秀告状》、《回汉友谊佳话》等），这些民间文学中的人物已经活在了保山人的心中，受到保山人的喜爱和怀念。如果将他们的民间故事串联起来，拍成电影或电视剧，既有受众市场，又能发掘民间文学的价值，这样的尝试是不是值得考虑一下呢？

来自民间的艺术，生命力也最悠久。采风民间歌谣等而形成的《诗经》是中国诗歌的第一个高峰，整理民间故事而形成的《西游记》、《水浒传》、《三国演义》组成了中国四大文学名著的主体，蒲松龄靠摆茶摊收集民间故事而撰写的《聊斋志异》也是文言小说的典范之作。这些生动事例已经说明，保山影视产业的突破口可能就在对民间文艺的转化上。

（三）

可能喜欢《隆阳区非物质文化遗产名录》和《隆阳民间文学集成》两本书的人就是研究保山民族民间文化的学者。在这些学者的眼中，书中的故事可能就不仅仅是故事，更多的可能是民俗的原始来源，是文化的原初阐释，是民族的集体记忆。

研究民族民间文化的文化人类学者看这些故事，他们能够拨开罩在神话传说上面的那层雾纱，透过故事的表象探寻民族的原初生活本相。以《九隆传说》为例，有学者就认为，传说中哀牢民族的始祖沙壹是妇女，由此断定哀牢民族当时还处于母系氏族社会。根据沙壹下海捕鱼这个信息，他们断定当时的哀牢民族是渔猎民族。根据九隆被推选为第一代哀牢国王这一信息，有学者认为九隆时代的哀牢民族已经到了父系氏族社会末期。由于民间故事和神话传说是一个民族的集体无意识，是民族的集体记忆，它们也必将反映其中内容所涉及的时代的文化本质，暗示民族的心理意识与集体情感。

对保山的民族民俗艺术研究者来说，这两本书是一个资料基础。且不论《隆阳民间文学集成》中的民俗专辑部分，就是在其民间故事传说里，我也发现了许多有研究价值的民族民俗艺术信息，它们揭示了民族民俗艺术的文化起源。如《傈僳族“咱务杂”节的由来》、《苗族喜欢养狗的传说》、《彝族神龛的传说》、《德昂族泼水节的传说》、《德昂族文字传说二则》、《德昂族腰箍和筒裙的来历》、《芦笙的传说》等，无不是民族民俗艺术的宝贵的研究资料。作为一个多民族和谐共生的边疆地区，这些民间故事传说在民族研究方面的价值更是不可低估，特别是民族艺术对民族和谐社会的建构所具有的作用更是值得我们民族学者的重视。

总之，我为《隆阳区非物质文化遗产名录》和《隆阳民间文学集成》这两本书的出版感到高兴，看到它们能够为保山民族文化的保护和传承作出应有的贡献而感到欣慰。有文化良知的民族看重传统文化，在保护和开发传统文化的基础上发展经济，永远不忘民族的立身之本。可以说，《隆阳区非物质文化遗产名录》和《隆阳民间文学集成》这两本书就起了这样的作用，成为传承保山民族文化的夺目奇葩！

打造十大宣传名片
营销保山旅游形象

摘　要：从旅游产业体系的角度看，将保山丰富多样的旅游资源全面介绍给各界人士，使之具有“中国优秀旅游城市”的真正内涵和吸引力，这可能是目前我们保山市在优秀旅游城市建设中应该引起格外关注的重要方面。沧江怒水、高黎贡山、丝绸古道、火山热海、侨乡和顺、斯巴（温泉）圣地、巍巍松山、柔美潞江、西部兰城和翡翠边城是保山的十大宣传名片。保山市的旅游发展战略必须走文化营销的“三步走”战略。落实“三步走”战略，资金、人才、组织等要素是基础。保山市应该建立一个协调机制，将这些资源整合在一起，形成发展文化旅游产业的强大合力。

关键词：十大宣传名片　优秀旅游城市　文化营销战略　“三步走”战略

漫步保山街头，热火朝天的城市亮化工程建设场景和焕然一新的街道风貌时时都在提醒着我们，我们保山正在为取得“中国优秀旅游城市”的金字招牌而努力。加强道路、电力等基础设施建设，不断改善城市环境，全面推进优秀旅游城市的硬件建设，力争在今年取得“中国优秀旅游城市”的称号，已经成为全市人民的共同目标。当然，笔者并不否认基础设施建设在发展旅游产业和争取“中国优秀旅游城市”中的重要作用。不过，从旅游产业体系的角度看，将保山丰富多样的旅游资源全面介绍给各界人士，使之具有“中国优秀旅游城市”的真正内涵和吸引力，这可能是目前我们保山市在优秀旅游城市建设中应该引起格外关注的重要方面。

建设优秀旅游城市，首要的问题就是市场定位。从目前保山市的旅游发展看，“健康旅游”是保山市主攻的旅游品牌。对于这个市场定位，市委、市政府是在对保山市的旅游资源进行全面把握的基础上作出的抉择。“健康”的内涵主要包括在心灵和身体两个方面：基于生物多样性的生态旅游可以说是对心灵的洗礼，基于有高山、峡谷和温泉的户外运动就是对身体的锻炼。对于当今的旅游者来说，健康旅游的确是他们一种迫切的需求，特别是对于久居城市而忙于工作的人群更具有特殊的意义。将保山的旅游品牌定位于健康旅游，从云南全省来看的确别具一格，具有独特的市场卖点。现在的关键不是讨论健康旅游的市场定位究竟对不对，而是如何打造“健康旅游”这个旅游品牌，不断提升它的知名度，使之在全国旅游市场上具有竞争力，使之成为旅游者第一时间想到的选择品牌。

打造旅游品牌，提升旅游城市的知名度，保山市的旅游发展战略就必须走文化营销之路，即以保山市的民族文化为手段来全面推介保山市的旅游文化资源。当然，这是一种比较抽象的陈述，还必须进一步细化，才能够落实文化营销战略。具体来说，文化营销的具体化就是要解决两个问题：一个是推介哪些旅游文化资源，另一个是采取哪一种营销方式来推介。在旅游文化资源的选择上，市场定位与市场卖点是必须首先考虑的因素，即所选择的旅游文化资源是否与保山市的健康旅游品牌有一定的关联，是否具有吸引旅游者的特点。在旅游文化资源的营销方式上，传播效果是选择营销方式时必须考虑的标准，即所选择的营销方式是否传达出旅游文化资源的形象特点，是否能够传递到最大量的目标旅游者手中，是否能够提升旅游文化资源的知名度等。

对于旅游文化资源的选择问题，我们已经解决了，熊清华先生在他的《语境保山》一书中就已经给出了最佳的答案。熊清华先生在该书中就鲜明地树立了保山地方的文化形象，提出了保山十大宣传名片的构想，即沧江怒水、高黎贡山、丝绸古道、火山热海、侨乡和顺、斯巴（温泉）圣地、巍巍松山、柔美潞江、西部兰城和翡翠边城。这十大宣传名片是熊清华先生站在发展保山地方经济的高度上用宏观视角对保山文化旅游资源的准确把握，是立足于发展文化旅游产业的现代语境或场域中提炼出来的有关保山地方形象的关键词。现在的任务就是要把这十大名片的文章做足，把保山的这十大旅游文化资源形象直观地展现在世人的面前，使之成为支撑保山作为优秀旅游城市的内涵的基础。

对于保山目前发展旅游产业来说，营销方式的选择问题还没有进入保山人的思维视野。特别是对于争创“中国优秀旅游城市”来说，这一点甚至比旅游文化资源的选择更重要，也更急迫。因此，制定科学合理的营销策略，突出保山的巨大文化魅力，助推保山争创优秀旅游城市的建设步伐，这成为摆在我们保山每一个有识之士面前的重要而又迫切的任务。

打造保山形象宣传名片，制定文化营销战略，笔者认为可以实施“三步走”战略，即短期战略、中期战略和长远战略。短期战略就是为了迎接“中国优秀旅游城市”的评估，将保山十大宣传名片以宣传画册的方式展示出来。由于距离争创“中国优秀旅游城市”评估的期限不远，能够在最短的时间完成任务又能够形象直观地展示出保山的旅游文化资源的特点，宣传画册可以说是最佳的选择。保山的相关主管部门应该组织一套人马，精心策划、制作，使保山的十大宣传名片在宣传画册的展示下显得更具有文化内涵和魅力，并进入保山市的所有宾馆和招待所。中期战略就是根据保山的十大宣传名片来拍摄系列人文纪录片，通过纪录片的播出来提高保山旅游文化资源的品位。保山的相关主管部门可以通过设计项目，展开项目招标或是委托拍摄的方式进行落实，争取能够在省级电视台或国家级电视台播出。长远战略就是借鉴《五朵金花》塑造大理苍山洱海风景区和《阿诗玛》建设路南石林风景区的经验，将保山的十大宣传名片拍成电影、电视剧，最终形成全国性的知名旅游品牌。

保山文化营销的“三步走”战略是一个逐步推进的过程。短期战略以宣传画册为主要宣传载体，资金投入少，只需要几万元，制作时间只需要几个月，瞄准目标群体，但是影响力不大，难于建构有影响力的旅游品牌。中期战略以纪录片为主要宣传载体，资金投入量不大，二三十万就可完成，制作时间也只需要一两年，瞄准的受众群体也是主要的旅游消费者，能够强化旅游品牌的品位和内涵，但是，相对于电影、电视剧来说，纪录片的影响力还是有限，不利于打造全国知名的旅游品牌。长远战略以影视剧为主要宣传载体，投资大，动则上百万千万，制作也花费时间，不是一两年就可以全部完成的，但是，影视剧的影响力大，有潜力的旅游景点一般都能够借助影视剧出名而走向全国。可以这样说，影视剧是提升旅游品牌的最佳营销方式。“三步走”战略注重从小处起步，不断积累实力与条件，循序渐进，与保山市的文化旅游产业同步推进，比较切合保山的发展实际。

落实“三步走”战略，资金、人才、组织等要素是基础。从笔者所了解的情况看，我们保山基本上已经具备了这些条件：有民间资本愿意投资影视产业，有民族文化旅游和影视艺术专业的高端人才任职保山，有相关的影视机构可以承担制作任务。现在的关键是保山市应该建立一个协调机制，将这些资源整合在一起，形成发展文化旅游产业的强大合力。“三步走”战略既能够满足旅游产业发展的时间要求，又能够兼顾保山市的经济实力和各种现实条件，因此，它具有很强的可行性和现实意义。如果保山市的相关主管部门能够出面组织，建立这样一个协调机制，那么“三步走”战略就不是空中楼阁。

打造十大宣传名片，营销保山旅游形象，推进优秀旅游城市建设，不仅仅是基础设施的建设问题，它还涉及旅游景点的开发和营销，特别是地方旅游形象的品牌塑造。因此，在加强基础设施建设的同时，保山的旅游产业也应该重视旅游景点的开发与营销，不断推进旅游形象品牌塑造的步伐，力求在全国旅游市场竞争中取得一席之地。路漫漫其修远兮，吾将上下而求索。我们期待着这一天！

纪录片《保山西庄：猪八戒的故乡》编导阐述

摘　要： 从文化人类学的角度看，猪八戒的传说属于一种非物质文化。记录非物质文化遗产，展现民间民族艺术的历史生态环境，这是我的首要目的。宣传保山地方形象和深入研究非物质文化遗产，这可能是我这个纪录片的最大意义和价值所在。既要具有学术品位，又要轻松娱乐一点，这是我在考虑纪录片的传播效应时首先考虑的问题。具有电影的艺术性，具有电视剧的可接受性，具有纪录片的风格，具有营销保山地方文化形象的功能，这就是我这部纪录片的艺术追求。

关键词： 纪录片　文化人类学　非物质文化遗产　猪八戒的传说

从文化人类学的角度看，猪八戒的传说属于一种非物质文化。目前，给非物质文化拍纪录片，较多的是记录采访过程，进行民俗演示，中间穿插访谈专家，着重阐释非物质文化的历史与意义。这是一种适合电视台播放的有专题片倾向的纪录片。我不想走惯常的路，想结合自己的影视艺术素养，将纪录片做得更有价值和艺术化一些。

（一）

记录非物质文化遗产，展现民间民族艺术的历史生态环境，这是我的首要目的。但是，作为一名文化人类学者，我的责任不仅仅是记录，应该还有宣传保山地方形象的责任和作为学者的研究责任。这可能是我这个纪录片的最大意义和价值所在吧！

保山作为我的第二故乡，我深爱着这片具有深厚文化底蕴的热土。我想利用影视艺术来展现她，宣传保山的地方文化形象，给外界一个深刻的文化印象。这也是我选择“猪八戒的传说”这个主题来拍纪录片的真正原因。自从《西游记》诞生以来，猪八戒的形象就已深入人心、家喻户晓，再加上“猪八戒的传说”具有深厚的文化意蕴，是内地中原文化与南诏大理文化相交融的产物，这对于保山地方文化形象的树立来说是具有极大传播效应的优势品牌资源。将猪八戒与保山联系起来，借助一个较高知名度的文学形象，快速提升保山文化形象的知名度，这是一条值得探索的地方文化营销之路。

实际上，我拍摄这个纪录片的过程也是一个研究民间风俗的过程，只不过纪录片似乎体现出来的就是研究资料的收集和记录。由于影像的理性阐释能力的先天不足，我所展现的影像可能让普通观众和不关注民族文化的人很难理解。基于这一点，在展现本主庙会的影像时，我想极力提醒观众，作为汉族文化形象的猪八戒与代表白族宗教信仰标志的本主庙会同存于一个寺庙，这是一个很有意思的民族文化共生现象。因此，在当地老人的陈述中，我同时提供本主庙会举行盛况的相关影像，让汉族文化的述说文本与白族文化仪式的影像文本形成一种对照，以引起那些对文化人类学现象感兴趣的观众的注意。

（二）

我们看央视科教频道上播出的纪录片，感觉就是离不开解说词。因此，给普通人的印象就是纪录片一定要有解说词。实际上，纪录片在卢米埃尔兄弟创建它时是没有解说词的。而且，即便是现在，我们也能够找到不用或少用解说词的实例。中央一台东方时空栏目的《生活空间》就是少用解说词的。在我的理解中，让影像说话，让事实说话，应该比主观的解说词更有说服力。

猪八戒的传说是一种民间神话传说，如果用解说词来组织纪录片，我觉得是对艺术人类学规律的违背。解说词体现的是一种精英意识，是理性化的主观认识，难以体现作为传说的猪八戒的爱情故事。传说是一种难以考证、确信的民间艺术形式。述说猪八戒的传说，组织相关民俗事象，既能够体现艺术人类学对民间艺术原生态展现的规律性要求，又能够突出传说这种民间艺术的形式，更能够营造出一种纪录片的人类学田野调查风格。因此，在构思这部纪录片的时候，我就把采访当地老人作为纪录片的主线，把四位老人的采访资料按照他们述说的逻辑顺序组织起来，作为纪录片的骨架。通过这些老人的述说，展现猪八戒的传说及其诞生的历史生态环境，进而达到记录非物质文化遗产“猪八戒的传说”的目的。

没有解说词，但并不等于纪录片就不好理解和接受。只要做得好，符合受众的影像接受规律，观众也会认可。为了达到结构流畅和便于观众接受的目的，我在插入镜头和影像段落的过渡上采用字幕的方式来交代。比方说，在插入现场考察采访供奉有雷公电母的雨花庵旧址的影像时，我就在画面上提供字幕“雨花庵旧址”。在纪录片的开头和结尾，我也使用了导入字幕和结尾字幕，纪录片中间还有过渡字幕。

（三）

既然纪录片是影视艺术中一个很重要的组成部分，我们在拍摄制作它的时候就应该多从影视艺术的角度来考虑。目前，在电视台播放的某些纪录片，受新闻专题宣传片的影响，其影像艺术化程度还是不够。怎样把纪录片做得具有影像艺术效果，这是我制作这个纪录片的努力方向。

影视艺术说到底是影像艺术。怎样使影像能够自己说话表意，发挥影像的魅力，给观众以更多的自主理解权，组织好模糊、多义的影像就是成功的关键。蒙太奇理论告诉我们，不同的镜头只要按照一定的逻辑顺序组织在一起，就能够产生一定的新意。因此，在影像的组织上，我坚持以当地老人出镜采访的影像为影像主体，以他们的口头述说为影像的贯穿线索，在出镜采访影像中间插入表现他们述说内容的言说影像。

对于《保山西庄：猪八戒的故乡》这个纪录片来说，言说影像最能够体现影像的多样性。言说影像包括电视剧《西游记》中有关猪八戒在高老庄的那一个段落的影像、现场采访影像、资料影像等。在张德润老人讲述“猪八戒的传说”时，我将《西游记》的有关镜头插入进去，其主要目的是提供两种述说文本，一种是民间传说的原生态文本，另一种是经过多次艺术加工（民间传说→文学艺术→影视艺术）后的影像文本，增加艺术人类学的比较深度。在讲到雷公电母时，我插入现场考察采访供奉有雷公电母的雨花庵旧址的影像；在讲到石猴子的时候，我就插入现场采访考察石猴子窝旧址的影像；讲到云栈洞的时候，我插入现场考察采访卧佛寺的影像；讲到祭祀猪八戒的民俗时，我就插入当地老百姓现场祭拜猪八戒佛像的影像。提供这些有关猪八戒传说的历史生态环境的影像，其目的就是说明猪八戒传说诞生的客观必然性。

（四）

在一般的观众心中，纪录片都是很有学术品位的，接受起来一定不轻松。这种刻板印象在某种程度上来说是一种误解。实际上，作为记录民间传说的纪录片也应该是一种娱乐、轻松的艺术。民间传说本来就难以确信，口是在口头上说说，在民间传承时也并不带有什么学术意味。我们在做纪录片的时候也不得不考虑这个因素，一定要把纪录片做得轻松一些，以满足观众接受的要求。因此，既要具有学术品位，又要轻松、娱乐一点，这是我在考虑纪录片的传播效应时首先考虑的问题。

首先是保证影像的故事性和过程的完整性。在采访当地老人的时候，尽管他们的述说大多显得比较啰唆和散漫，我都尽量不分开剪辑，而是保持某一个老人在述说上的完整性。在插入影像的时候，我也坚持集中影像以保证故事与过程的连续性和完整性，让观众在看影像的同时聆听述说，在影像与述说的对照中理解我要表达的意思。我曾经想制造一些悬念，但是由于素材的制约和本人在这方面的能力不够，最终也没有找到悬念的感觉。

其次就是接受氛围的营造。暗示教学理论告诉我们，在背景音乐中接受知识，观众的心情放松，接受效果也较好。基于这样的考虑，我在现场同期声不明显的地方配上优美的背景音乐，在结尾字幕的时候配上主题歌，与电影、电视剧的结尾相似。当然，背景音乐和主题歌的选择也要考虑到记录“猪八戒的传说”这一主题的要求。猪八戒的传说应该说是一个发生在深山林区的凄美爱情故事，作为故事主角之一的高翠兰又是保山西庄的一个美丽少女，这个故事的意境与人物实际上对音乐的选择已经作出了一定的规定：讴歌美丽少女，具有温馨浪漫情调，意境优美。作为一首新创歌曲《云南的月亮》不仅符合“猪八戒的传说”的规定性要求，还能够营造一种特殊的影像接受意境，能够达到营造意境、深化主题、宣传保山地方文化的目的。

总之，具有电影的艺术性，具有电视剧的可接受性，具有纪录片的风格，具有营销保山地方文化的功能，这就是我这部纪录片的艺术追求。这部纪录片是否能够实现我的编导意图，还需要实践来检验。观众说好了，专家说有意思了，那么，我也就感到满意了。

第四部分　文化产业学

文化曼舞新农村

——记保山金鸡采风行

摘　要： 文化已成为新农村建设的主角和农民奔小康的必要条件。建设文化广场、修建历史文化长廊、开发农家乐，这些都成为乡村文化旅游产业的创新举措！

关键词： 文化　新农村　文化广场　历史文化长廊　农家乐

2007年11月17日，保山市隆阳区文联组织了“区文联学习十七大保山作家金鸡采风活动”，到金鸡乡育德村，深入现场，参观、采访育德村的新农村建设。作为文化人类学者，我有幸成为一名特邀代表，加入金鸡采风活动中，身临其境感受了新农村的文化新貌。一路看，一路想，新农村建设的巨大成绩使我禁不住提笔写下深刻感受——文化已成为新农村建设的主角和农民奔小康的必要条件。

一、从村部到文化广场的文化新貌

上车之时，天空还飞着细雨。进入金鸡乡的公路泥泞不堪，时不时还有一些因修路而堆在路旁的岩石，让本来就坑坑洼洼的道路多了几分行走的艰难。进入育德村村部，我们的眼睛一亮。村部是一个小院落，很整洁，分前后两进。前面的庭院很有特色，把革命老区文化显露无余。新修的会议室有点像革命时期的会议场所，门框顶上的大红五星是革命老区的象征。在进入第二进院落的墙上，中间是一个月亮门，月亮门两旁绘有革命先辈们的头像，并写有中共保山县特别支部的诞生记。尽管历史早已过去，但还是能够依稀感受到当时这里发生的轰轰烈烈的革命。

出村部，在我们的眼前出现了一个残垣断壁的高台地基，地基上还有一棵参天大树在阴雨中诉说着蜀汉英雄们的风流。年轻美丽的导游指着这个台基告诉我们，这就是诸葛亮驻兵金鸡时练兵的点将台遗址，当地政府正在准备重新修复这一具有重大历史文化价值的古迹。

来到文化广场，天空开始放晴。明媚的阳光照在身上，将刚来时的寒意驱得一干二净，给我们的采风增添了几许温暖和畅意。

文化广场又是一番别样的景致。永子路穿越文化广场中心，路口左侧有一尊犹如龙头的立石，上面写有龙飞凤舞般的题字“游与艺”。沿永子路前行十步左右，路的左侧有一标志碑，顶部是一只斜放的棕黄色的陶罐，碑身的正面镶嵌的是带有白斑点的褐色瓷砖，正中间写有“陶器之乡”四个金色大字，并用长方形框围起来。标志碑的背面是一堵墙，墙分上下两部分，上部是陶艺墙，墙上嵌有形状、颜色各异的陶罐，显示出古朴与现代相交融的装饰情调；下部是宣传墙，由新石器遗址宣传栏、点将台复原彩图和两只白鹅悠游水面的绿色水上乐园图构成。

陶艺墙的背后是一个高台基，上面是一个小庭院俯瞰着下面的文化广场，这就是文化广场的核心部分。走上去，进入眼帘的是农民图书室和陈列室。实际上，这也是古代文化与现代文化的缩影。农民图书室是农民学习现代科学技术的场所，而陈列室则是展示古代农耕文化的空间。在农具陈列室里，我们见识了汉蜀时期的重要农耕工具不韦锄，也看到了担当和尚“穿过”的担当草鞋，还领略了逐步退出农耕历史的曲辕犁。尽管“文物”不多，但是历史文化的风貌还是浸润了我们包容了过多现代气息的心。在陶器陈列室，陶器展品琳琅满目，没有上釉的古朴的陶杯，酷似葫芦的酒盅与酒壶，泛着釉光的大型酒坛，还有颜色鲜艳的具有现代意味的陶器餐具，让人真正感受到“陶器之乡”的美誉不是浪得虚名。

从陈列室出来时，阳光格外暖和。刚才的所见所闻营造出的文化氛围，好像包裹了我的眼睛，让我看到的任何事物仿佛都是金鸡历史文化的厚重遗迹。能够看到的文化固然具有实在的吸引力，那么看不到的非物质文化会不会被新农村建设者们忽视呢？

二、漫步在历史文化的长廊中

离开文化广场往东沿着季平路前行，我们走进了育德村的历史文化长廊。季平路两旁的农家墙壁全部粉白了，墙壁在白色的底景上画出一道历史文化的亮丽风景线！徜徉其间，我们仿佛走进了金鸡的历史岁月。

吕不韦乃先秦时期叱咤风云的历史人物。由于权倾朝野，他也给他的后裔留下了不解之痛，他的后裔们不得不背井离乡，远涉千山万水，被秦朝罚到蛮荒之地，落在属于西南极边的金鸡。尽管吕不韦给他们带来的并不是他们梦想的幸福，但是他们依然永远铭记着自己的祖先是吕不韦，并且还将这西南极边第一县叫做不韦县，可见吕氏后裔的历史情结是何等的深远而难以割舍！当年轻美丽的导游在介绍墙上的吕不韦画像时，我的思绪早已飞到了吕氏后裔颠沛流离的历史长途中去了。

吕不韦的雄才大略没有随岁月的消失而消失，而是在吕氏族人的继承中得到了进一步发扬。其中三国名臣吕凯就把雄心勃勃的祖先吕不韦作为自己的学习榜样，瞄准目标，潜心等待，不断坚持，“执忠绝域，十有余年”，最终率领吕氏族人将永昌郡城献给了进军南中的诸葛亮，受到诸葛亮的褒扬，成为西南极边历史风云中维护边疆统一的楷模！鹅卵石铺就的路面，时时点缀一些有意味的图案，再加上修长的绿竹与浓郁的树荫相伴路旁，让人在氤氲的文化气息中真正领略到乡间的雅致风味。这就是季平路的风格，也是育德村人融古于今的风格的真实写照。走在季平路上，回想着吕凯的历史功绩，我们不由得佩服育德村人在新农村建设上的远见卓识。

金鸡的历史文化源远流长，金鸡人的精神一脉相承。正因为这样，这里才英雄辈出，风云激荡。在人们心中，穷秀才杜文秀可能是金鸡风流人物中的一员，“杜文秀告状”的传说至今都还在老百姓当中流传。据说清朝咸丰年间，永昌闹灾荒，不知饿死多少老百姓，更不用说给官府交钱粮了。但是，当地官府却不管这些，仍然要征收钱粮。于是，老百姓推举杜文秀去告状。杜文秀一级级地告，一级级地吃闭门羹，告状不成，反而憋一肚子气回到永昌。看着官府下诏征粮，实在忍不下去，就和老百姓商议造反之事，竟然一呼百应，组织了一批义军，闹红了整个滇西城乡。杜文秀也就成了回民起义的领袖，在云南历史上写下了光辉灿烂的一页。看着杜文秀的墙画，我浮想联翩。金鸡革命的火种也许就从那个时候开始了吧！

导游的动人话语仍然回响在我们的耳边，墙上的历史文化画卷也在我们的眼前不断展开，担当和尚发明的口袋豆腐散发的清香诱惑着我们的嗅觉细胞，历史文化长廊对历史的全方位的展示拉长了具有深厚文化意蕴的季平路的长度，我们似乎老是走不出金鸡这块文化的热土。季平路蜿蜒前行，非物质文化的历史文化长廊也随之前行，我们也在慢慢地品味金鸡这片热土的文化滋味。

三、领略独特风味的文化魅力

我们的中餐是在育德烤茶吃的。育德烤茶紧邻不韦县遗址。不韦县遗址是一块平缓的台地，现在是一片茂盛的桑园。吕氏后裔最早就是在这里立足的，他们在沧江以西、哀牢腹地建起了西南极边第一县。

育德烤茶有四大特色，烤茶、温酒、口袋豆腐和陶吧。育德烤茶有专门的火炉房，木炭生着火，用来烤茶和温酒。烤茶的茶壶用一根铁线吊着。烤出来的茶用当地特制的烤茶壶装着。这种烤茶壶呈深褐色，腹鼓之处有一弯嘴，壶盖顶上有一颗两头尖的圆珠形的提手。给客人喝的茶杯也别具一格，没有上釉的深褐色，大约只能装五十克左右的茶水，手拿着还有一些粗糙的感觉。烤茶味道比较清淡，喝到嘴里有一种特殊的说不出感觉的余味。温酒的酒壶放在一个水盆里，水盆里装着水。水盆放在火坑里，让文火热水盆。温酒暖暖的，不刺喉，但是冲劲大，能喝酒的人倒是不会觉得有什么特别。

金鸡的口袋豆腐闻名遐迩，在我没有来采风之前就已听人介绍过，所以在吃饭的时候着重留意了一下它。从外形看，口袋豆腐与一般的油炸豆腐没两样，釉褐色的豆腐皮软软的，皮上起了些疙瘩。但是，弄破外面的豆腐皮，里面的豆腐瓤就是还没有成形的豆腐浆。漾漾的豆腐浆散发出一阵阵清香，诱得人直流口水。吃进嘴里，口味细腻，回肠荡气，似乎有担当和尚那书法艺术的气息在沁人心脾。

作为陶艺之乡，如果不参观这里的陶器制作，你将会感到终生遗憾。我们是在即将离开育德烤茶时观看陶艺制作表演的。其实，我们先前就参观了天然陶吧，看见了制作陶器的陶轮，就是不知道如何制作。原来，陶艺人将高岭土塌在电动的陶轮圆板上，用一双手揉捏着圆板上的金黄色泥土，随着陶轮的转动，那泥土就像听话的孩子，让它鼓它就鼓，让它圆它就圆，让它陷它就陷，乖乖地听陶艺人的手指指挥，成砣的高岭土瞬间就变成了陶艺人心目中的陶器形状。陶器成形后，年轻的陶艺人就用一条细线对准陶器底部与高岭土的交界处，轻轻一切，土坯陶器就与高岭土分离了。陶艺人手指的力度是那么恰如其分，捏形的技巧是那么熟练，他可以应我们的要求做出我们想要的陶器，真是很了不起。看着陶艺人的表演，我才真正体会到艺术起源于民间的真意。

不过，最让我佩服的还是名为“一家亲新农苑”的农家乐，其文化创意确实别具一格。这户农家乐是一个两进的小庭院，沿着面街的房子侧面的一条小路进去，就是第一进院落。在这个院落的北面，有一扇门，走进去是一个凉亭。石圆桌居其间，刚好容纳四个人坐。凉亭四周是墙，墙上绘有有关当地历史文化的墨线白描图。在向左转，就是“一家亲新农苑”主题院落。这个小院落北西南三面是建筑，东面是围墙，院落中间栽有几棵树，郁郁葱葱，给人凉爽、清新之感。这种布局，简直就是曲径通幽的意境的现实写照。

据介绍，这户农家乐的主人以前在藏族地区当过兵。也许这位主人由于扎根藏区，对藏族文化产生了深厚的感情，因而才有一种收集藏族文化品的特殊爱好，这可以从他的“藏族文化品陈列室”——游客休息室——看到端倪：绚丽多彩的藏族服饰悬挂在房门旁，游客进入内室将从旁经过，让游客触摸到藏区的文化气息；藏羚羊头悬挂在休息室对门的墙壁正中，格外醒目，让游客一进门就感受到藏文化的神秘；各种藏族旅游纪念品则用有玻璃的立柜装着，摆放在休息室的正中，游客可以绕着立柜细细地观赏。还有古旧的摇把子电话，具有纪念意义的发报机，可以作为文物来欣赏的枪弹……这些文化收藏品无不显示出这户农家乐主人的与众不同。

从“藏族文化品陈列室”出来，向左转就是一幢两层的木式阁楼。登上西侧的阁楼，首先映入眼帘的就是现代化的小酒吧。这个小酒吧只有几平方米大，木质地板和墙面，圆形的玻璃桌，立体的音响电视，一眼就能望穿的立式酒格。弯形的柜台把空间营造得分外有情调。小酒吧的南面，就是小包房，可以唱卡拉 OK，也有睡眠的小房间。它少了几分喧嚣，多了几分宁静，也多了几分情调和品位，这是城市酒吧难以望其项背的优势。可以说，这里是为处于热恋中的年轻情侣精心打造的温馨港湾，是城市文化乡村化的另类翻新，是乡村文化旅游产业的创新典范！

夕阳西下，余晖映红了金鸡的每一个角落。回望育德新村，炊烟袅袅升起。我们即将告别这具有深厚历史文化底蕴的革命热土，离开这欣欣向荣的新农村建设的典范村落，我的思绪就像满天通红的晚霞，似乎看到了未来农村的崭新蓝图正在随晚霞的光芒照射到祖国边疆的山山水水，也似乎看到了边疆地区老百姓追求幸福生活的小康之路越走越宽。

文化产业发展与新农村建设

摘　要： 文化产业逐渐成为现代经济的主导产业和支柱产业，成为国家和地区经济文化发展的强劲动力。通过文化产业发展来促进新农村建设，不仅是新农村建设的本质要求，也是文化产业实现其经济效益、社会效益的重要途径。新农村建设的艰巨性、全面性决定了文化产业发展的内在要求；农村文化资源的古朴性、丰厚性奠定了文化产业发展的基础；文化产业内在的效益性决定了文化产业发展的广阔市场空间。因此，发展农村文化产业将成为新农村建设的亮点。

关键词： 文化产业　新农村建设　农村文化资源

文化产业是21世纪最具潜力的行业，是中国文化发展的新趋势，也是中国经济发展的新形态。文化产业逐渐成为现代经济的主导产业和支柱产业，成为国家和地区经济文化发展的强劲动力。随着全球经济文化一体化的趋势，我国的文化产业也取得较快的发展，但是，在我国新农村建设中，我们还没有很好地利用农村文化产业发展来促进和巩固新农村建设。

新农村建设不但要加强经济建设与政治建设，而且还要加强文化建设与社会建设，这样，我们的新农村才能真正形成和谐统一的局面。通过文化产业发展来促进新农村建设，不仅是新农村建设的本质要求，也是文化产业实现其经济效益、社会效益的重要途径。

一、新农村建设的艰巨性、全面性决定了文化产业发展的内在要求

新农村建设是一项系统工程，涉及政治、经济、社会、文化等方面。要把农村建成"生产发展、生活宽裕、乡风文明、村容整洁、管理民主"的现代新农村，是一项艰巨、长期的农村现代化建设任务。每一个方面的实现，都需要村民素质、舆论环境、思想动力和智力支持等内在因素的支撑。而这些因素的实现，都依赖于在农村实施有效的社会主义先进文化建设。[①] 因此，新农村建设不仅是物质现代化的过程，更是农民现代化的过程。

中国是一个农业大国，农民是中国社会的主体。农村的社会主义现代化进程和农民的现代观念决定着中国现代化的前途和命运。新农村建设本质上是指农业现代化、农村现代化和农民现代化。农民是新农村建设的主体，农民的现代化是新农村建设的重中之重。新农村建设不仅要使农民实现生产方式、生活方式的现代化，更重要的是要实现农民的思维方式及价值观念的现代化。

现代化主要是一种心理态度、价值观和生活方式的改变过程，不仅指物的方面，更应包括人的现代化。"现代化的过程有若干不同的层面：经济发展是物质的层面；政治发展是制度的层面；而思想与行为模式则是社会的深度层面。"[②] 而这种深度层面影响物质层面和制度层面的顺利进行。"如果一个国家的人民缺乏一种能赋予这些制度以真实生命力的广泛的现代心理基础，自身还没有从心理、思想、态度和行为方式上都经历一个向现代

---

① 徐志成：《论新农村建设中发展文化产业的意义和思路》，载《才智》2008年第2期，第20页。

② 罗荣渠：《现代化新论——世界与中国的现代化进程》，商务印书馆2004年，第27页。

化的转变，失败和畸形发展的悲剧结局是不可避免的。再完美的现代制度和管理方式，再先进的技术工艺，也会在一群传统人们的手中变成废纸一堆。”① “在整个国家现代化发展的过程中，人是一个基本因素，也并不是现代化过程结束后的副产品，而是现代化制度与经济赖以长期发展并取得成功的先决条件。”②

新农村建设要加强农业、农村的现代化建设，实现经济发展、政治发展，更重要的是加强文化建设，实现精神发展、社会发展。农民的思想观念、文化水平等方面与建设新农村的要求还存在明显的差距。新农村建设要使具有传统日出而作、日落而息的心理、思想和行为的农民向具备现代人格、现代品质的新型农民转变。要实现这一嬗变必须要用先进的思想文化体系来完成从传统性向现代性的转变。实现农民思想方式、价值观念、生产方式、生活方式的现代化，将对新农村建设具有重要的现实意义和历史价值。

当前，新农村建设还面临着许多问题和困难。2005 年，全国农业增加值增长 5.2%，粮食总产量达到 4 184 亿吨，同比增长 3.1%。但农业发展高投入、高污染、高消耗的状况没有得到根本改变，农业增长方式粗放，代价较高，综合生产能力脆弱。农民素质、技能和组织化程度低，自主创业能力不强；农村劳动力素质普遍较低，平均受教育年限不足 7 年，初中及以下文化程度占 80% 以上。目前加入农民专业合作经济组织的农户仅占全国农户总数的 2.5%。③

解决这些问题的关键是利用农村的文化资源，大力发展农村

---

① 〔美〕英格尔斯：《人的现代化》，四川人民出版社 1985 年，第 3 页。

② 齐学广：《试论人的现代化内涵及制约人的现代化因素》，载《安阳师范学院学报》2007 年，第 149 页。

③ 杨中万：《论新农村建设动力结构》，载《湖湘论坛》2007 年第 1 期，第 84 页。

文化产业，找到各地农村发展文化产业的比较优势，培养农村文化产业经纪人，培育农村文化产业经济合作组织。统筹城乡文化人才开发，一方面要重视城市优秀文化人才的下乡，通过完善政策，积极引导城市文化人才向农村有序转移；另一方面要重视现有的农村文化人才的培训，通过定期或不定期举办各种类型培训班的方式，重点培养一批文化带头人，使之发挥农村文化生力军的作用。同时，鼓励农村民营经济投资文化产业。①

二、农村文化资源的古朴性、丰厚性奠定了文化产业发展的基础

农村有着优美的自然风光、多样的民族风情等丰富的民族文化资源和历史文化资源。这些资源为农村发展文化产业提供了旅游资源、庙会资源、名人资源、曲艺及民间工艺资源等得天独厚的有利条件。新农村建设就是要把有利的文化资源优势转化成文化产业优势和经济优势。

新农村建设是在文化传统十分深厚的广大农村地区展开的。而新农村建设的方向是生态保护和新兴产业共生，经济文化和社会协调发展。各地区具有独特人文、自然资源，其文化资源具有丰富性、多样性和现代开发的滞后性。随着新农村建设的深入，农村传统文化的价值正在被重视，各种文化资源正在成为人类不可再生的智慧之源，农村文化建设的重要性已经不亚于农村经济的发展。

各个民族世居固定之所大都在广袤的农村，这些民族的语言、信仰、服饰、饮食、居住、娱乐、节庆、礼仪、婚恋、生丧、生产方式、生活方式等民族传统文化则广泛地存在于乡村环

---

① 郭玉兰：《大力发展农村文化产业》，载《农村工作通讯》2008 年第 3 期，第 80 页。

境中。这些保存在乡村的民族传统文化大都保存完好、原汁原味、自成一体，为农村增添了许多神秘、原始、古朴的气氛。这些文化不但具有很强的原生性、独特性、区域性和综合性，还具有极高的历史价值和文学价值，为发展农村文化产业奠定了文化资源的基础。

在新农村建设过程中，应抓住民族性来发展文化产业。因为一种优秀文化只有首先表现出民族性，才能走向世界，融入世界文化中。例如：在云南众多的少数民族中，有些少数民族文化较罕见，如丽江纳西族东巴文化、古乐文化，白族民居文化等，均系云南极有影响的特色文化。傣族孔雀舞享誉中外，彝族火把节延续几千年而长盛不衰，应予以保护、开发。因为这些遗留下来的古代少数民族文化一旦失去，后果将不堪设想，逝去的东西是不会再复生的。抓住民族性，搞出民族特色，乃文化产业发展的重中之重。① 只有通过开发的方式，才能真正保护这些具有民族特色的文化。

乡村旅游实质上是农村文化旅游。农村具有发展乡村旅游文化产业的优越条件。农村具有丰富的田园景观文化、民居建筑文化、农耕文化、民俗风情文化、家庭生活文化和乡村艺术文化。农村各种民俗节日、竹篱茅舍、音乐舞蹈、婚丧禁忌、工艺美术、趣事传说等都有深厚的文化底蕴。由于农村具有乡土村社的浓厚的区域本位特色、乡土观念的非规范性、乡风民俗的纯朴性和神秘性等特点，宁静的乡村对于城市游客尤具诱惑力。将这种文化内涵挖掘出来，突出乡村旅游的文化内涵，到打造特色文化村品牌，是乡村旅游主要的发展方向。例如，江西省赣州市根据农村基层文化村的自然、历史、人文和地理的实际，塑造特色文

① 谢俊：《云南民族文化建设之理性思考》，载《云南师范大学学报》，2004年第2期，第25页。

化村来提升农村文化品位，至今已逐步发展形成了戏剧、采茶、舞蹈、二胡、唢呐、灯彩、花卉、刺绣、剪纸、渔鼓、弹唱、山歌、傩舞、绝技等六十多种具有鲜明特色的八十多个农村特色文化村，初步形成了“一乡一特”、“一村一品”的文化格局，为开发农村文化产业营造了良好的文化氛围。[①] 在云南腾冲和顺新农村建设中，开发商注重在景区恢复几近绝迹的水车、水磨、石碾等农耕工具，挖掘艾思奇名人文化与和顺侨乡文化，开发建设小镇上的石板街巷、宅门、影壁、店铺、摊商等，为新农村建设发展文化产业提供了成功的范例。[②]

文化是人们适应其生存环境的共享的理想、价值和行为准则，因此农村文化资源的保护应注重文化的调适。任何文化都不可能实行冻结式的保存，如同文物保存在博物馆中一样将文化冻结式保护起来。这种文化必然脱离人们的生产、生活，成为一种僵化的文化形态。同时，文化的传承和保护也需要经济的支撑。如果人们因恪守自己的传统文化而过着贫困的生活，这一传统文化的保存也是无基础的。因此，合理开发、利用农村传统文化，发展农村文化产业，为农村传统文化的传承奠定物质基础是必须的。保护农村传统文化，有利于文化产业的发展，将会对当地经济发展起巨大推动作用。

三、文化产业内在的效益性决定了文化产业发展的广阔市场空间

随着知识经济的兴起和信息技术的发展，物质生产和精神生

---

① 陈飞：《各地农村基层文化建设掠影》，中国新农村建设网 2008 年 5 月 13 日。

② 刘建华、李波等：《云南省乡村生态旅游发展新趋势——民族文化与旅游地质资源的融合》，载《云南地理环境研究》2007 年第 1 期，第 117 页。

产的联系更加密切，文化和经济出现加快融合乃至一体化的趋势。经济活动中注入的文化内涵越多，物质生产中产品的档次和附加值就越高，竞争力就越强，效益也就越好；文化发展中吸收的经济成分越多，科技含量越高，文化的覆盖面就越广，影响力就越大，渗透力就越强。

文化产业作为生产、传播文化产品的载体，以其巨大的关联性和综合性，对推动经济和社会全面进步发挥着基础性和战略性的作用。首先，文化产业的发展，信息技术、网络技术和数字技术在文化领域的广泛使用，使文化产品能够大规模的生产和复制，并迅速向世界各地传播，极大地满足了大众日益增长的精神文化需求。其次，文化产业以其巨大的渗透力和扩张力，与传统产业结合，增加了传统产业的附加值。它不仅带动了经济结构的优化和升级，而且推动了生产和技术的创新，培养了人的创造性。再次，各种新兴文化产业的产生，增加了社会的就业机会。文化产业正在成为国民经济新的增长点和支柱产业，创造了巨大的社会财富。此外，它还为大众创造了自由表达的机会，满足和提升了个人与社会的价值；它促进了文化的多样性，确保文化的民主进程。①

从产业文化的意义上说，产品价值取决于产品的文化品位。因此，要提高经济效益，就必须大力提高经济组织的文化品位，不断推动技术创新，把智力和知识纳入产品的开发中，提高文化在投入产出中的贡献率，提高商品中的文化含量和文化附加值。许多商品都负载着丰厚的文化内涵，传达着丰富的文化信息。名牌产品一半是物质，一半是精神，或者说一半是经济，一半是文化。文化是名牌的灵魂。名牌商品给消费者带来的不仅是高度的

① 赵珂：《云南文化产业发展模式探析》，载《云南师范大学学报》2006 年，第 6 页。

物质效用，更重要的是它的精神效用，它给消费者带来的是心理满足和文化享受。也可以说，文化早已从幕后走向了前台，逐步地走进了经济的核心。①

文化产业是21世纪最具有发展潜力的行业，其在经济和社会发展中的地位逐步显现出来，成为发达国家的经济增长点。文化产业从业人员在一些发达国家已占全部从业人员的3%～6%。世界文化商品贸易额从1980年的953.4亿美元增加到1998年的3879.3亿美元。1999—2003年，韩国四大娱乐产业的年平均增长率为22.8%，同期七大传统产业的增长率为3.3%。美国和西欧一些国家的文化消费占家庭消费的30%左右，美国文化产业产值占GDP总量的18%～25%。400家最富有的美国公司中，72家是文化企业。② 英国的文化产业产值仅次于汽车工业。日本文化产业1998年总产值达78万亿元人民币，占其本国GDP的22%。③

文化产业生产出来的商品既具有“物”的价值，能满足人的“物质”需要，同时又含有“文化”的价值，为人们提供“精神”需求。马歇尔·萨林斯在《文化与实践理性》中认为，生产是某一文化逻辑的物化过程，“因而，生产不只是，而且也绝不是物质效果的实践逻辑，它是文化意图。肉体存在的物质过程是作为社会存在的意义过程而被组织起来的——对人来说，既然它们始终是在确定的方式中被界定的，这就是他们唯一的存在方式”，“为了对生产作出文化的解释，重要的是要注意到，物品的社会意义（正是它的社会意义使得物品对一个特定类别的

---

① 梁振：《西部地区民族文化产业研究》，载《中央民族大学学报》，2005年，第6页。

② 顾江：《文化产业经济学》，南京大学出版社2007年，第25页。

③ 陆祖鹤：《文化产业发展方略》，社会科学文献出版社2006年，第1页。

人是有用的）显然并不来自它的物理属性，而是来自它在交换中被赋予的价值”。①

目前，对乡村文化资源开发经营比较成功的是乡村旅游。乡村旅游主要是一种文化旅游。旅游是一种有目的的活动，其文化的体验决定游客的目标，游客到乡村旅游其主要目的是为了体验乡村文化，因此旅游消费者和旅游经营者形成了一种文化交易模式：旅游经营者经营文化、销售文化，即“卖的就是文化”；而作为消费者的游客到乡村旅游是为了享受文化，即“买的就是文化”。② 因此，文化在乡村旅游中具有至关重要的作用，没有文化，没有自己独具特色的文化，是无法在旅游业这一重要文化产业的竞争中获取优势的。

文化产业发展极大地推动了旅游业和当地经济的发展。2007年云南接待国内旅游者8 900万人次，接待海外旅游者230万人次，实现旅游总收入580亿元。云南由旅游大省不断向旅游强省的目标迈进。云南省有关领导近日表示，今年云南省的旅游收入力争达到650亿元以上，旅游业将逐步成为云南省的特色产业，而文化在旅游产业中的重要作用也将更加突出。③

随着推动文化产业发展的一系列政策的出台，各地区及农村把发展文化产业作为贯彻科学发展观、提升农村经济可持续发展的新经济增长点。发展农村文化产业能够有效地促进当地农业的产业化经营，带动农副产品和手工艺品加工、交通运输、房地产等相关产业的发展，使许多农民成为文化产业的从业者，有助于

---

① 〔美〕马歇尔·萨林斯著，赵丙祥译：《文化与实践理性》，上海人民出版社2002年，第220页。

② 曹端波：《乡村旅游与乡村发展——从文化经济学考察乡村经济发展》，载《贵州大学学报》（社会科学版）2007年第6期，第89页。

③ 杨清心、周斌：《云南：文化支撑旅游产业快速发展》，载《经济日报》2008年2月27日。

增加农民的收入，使他们的生活更加富裕。更重要的是，通过发展农村文化产业，把城市的许多新信息、新理念带到农村，潜移默化地影响农民素质和乡风民俗，使学文化、学技术成为一些农民的自觉行动——许多村民学起了普通话、外语和电脑。

发展文化产业将会全面提升农民素质，培养具有现代思想观念的新型农民，为新农村建设提供智力支持和保障。因此，发展农村文化产业将成为新农村建设的亮点。

旅游产业辐射功能理论视野下的新农村建设

摘　要：根据系统论，旅游产业实际上也是一个产业要素系统，它具有一定的结构层次性，各层结构具有不同的功能。产业辐射功能是立足于产业主体功能的基础之上的，它对老少边穷的农村地区具有一定的理论和现实意义。建构新农村建设的产业辐射功能模式，以旅游产业带动旅游地农村的经济发展，无疑是一条值得探索的新农村建设之路。

关键词：旅游产业　产业辐射功能　新农村建设

一、产业链理论视野下的产业辐射功能

（一）旅游产业的结构层次与功能

控制论、信息论和系统论是20世纪40～60年代最为出名和最有影响力的三大基础理论。和控制论、信息论相比，系统论的哲学色彩更浓，它是为了克服孤立地或笼统地分析问题而提出来的，是一种立足于微观要素的宏观系统的研究方法，它给我们提供了一种辩证的思维方式。冯·伯特兰菲就曾批评过以往的分析研究，他指出“科学的唯一目的似乎是分析，即将现实分离成越来越小的单位，并将个别的因果链条孤立开来”。[①] 我们以系统论为研究视角，也就是基于这样的方法论基础的。

---

① 〔美〕E. M. 罗杰斯著，殷晓蓉译：《传播学史：一种传记式的方法》，上海译文出版社2001年，第431页。

（二）旅游产业链的产业辐射功能

依据商品循环过程，旅游企事业单位之间和旅游产业之间的关系形成旅游产业链。从上述理论来看，旅游产业链是一个系统工程结构，它是由许多个链条环节构成的，包括上游的内容开发、中游的渠道拓展和下游的价值延伸。[①] 具体来说，以市场运作为主的旅游产业主体链主要有旅游内容生产制作、旅游的市场营销和旅游的相关产品开发等业务。旅游产业主体链的上游的主要功能是对旅游景点或旅游项目的建设，中游的主要功能是对旅游景点或旅游项目的经营与推销，下游的主要功能则是旅游地相关产品和服务的开发和经营。要使旅游产业链运转流畅，除了要具备旅游产业主体链之外，还需具有相关的服务产业链。在旅游服务产业链方面，旅游业可能有更广泛的功能，它涉及创意策划研发、旅游图书出版、宾馆旅店、娱乐休闲、旅游地特色饮食、旅游纪念品等一系列内容。无论是从内容开发环节来看，还是从市场营销环节来看，服务产业链都是旅游产业主体链生存和发展的必备条件，它们与旅游产业主体链相互作用与影响，共存共荣。因此，旅游产业链是由旅游产业主体链和服务链两大链条构成的，如图所示。

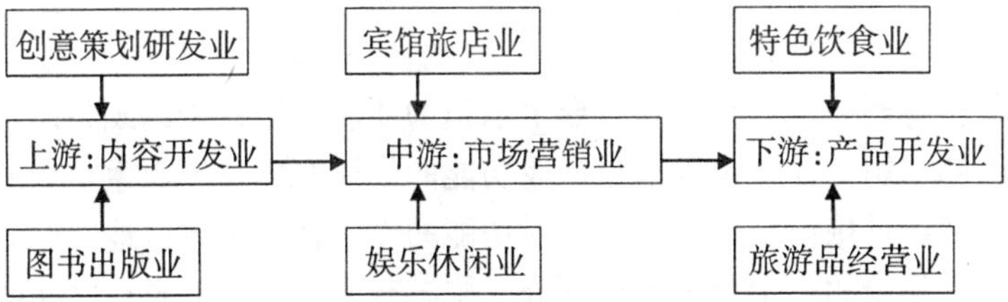

图一：旅游产业链示意图

① 国家广播电影电视总局发展改革研究中心：《2006年中国广播影视发展报告》，社会科学文献出版社2006年，第201页。

旅游产业链示意图表明，所列举的旅游服务产业链只是涉及与旅游业务比较密切的内层服务业，还有旅游会展业、广告代理业、交通业等一些外层服务产业还没有纳入进来。因此，建构旅游产业体系，打造运转流畅的旅游产业链，我们不仅要从产业主体链入手，还要强化其基础服务设施，把产业服务链的发展看做是产业主体链的推动力。否则旅游产业的发展只能是空中楼阁，难以保持可持续的快速发展。

通过旅游产品或服务来实现经济效益，是旅游产业部门的主要任务，也是旅游公司在旅游产业链中的主要功能。我们把能够实现自身经济利益和公司产业增值的这种功能叫做产业主功能。旅游主体链与服务链之间唇亡齿寒的关系决定了旅游产业必须实施系统性的产业发展战略。也就是说，旅游产业在旅游产品或服务的经营过程中，旅游产业部门不仅是要保障自身的经济来源，而且还要给服务链上的企业带来一定的经济收入，改善服务产业链的各种现状，要给它们带来一系列积极的变化。我们把旅游产业部门对旅游地的社会经济进步所作的贡献叫做产业辐射功能。它是产业所蕴涵的信息、观念、知识、理念在产业推进中向产业区劳动主体的渐进性转移。在旅游产业流程中，旅游产业部门的功能就是由这种产业主功能和辐射功能组成的。

旅游产业部门在产业发展中承担的功能比较复杂，既是产业功能的承担主体，也可以是产业功能的作用客体。产业主功能的作用客体是旅游公司，产业辐射功能的作用客体是旅游地。作为新农村建设的一个重要组成部分，旅游产业与旅游地农村之间的关系显然是我们课题关注的重点。如果以旅游产业为研究视阈，以旅游产业部门（公司）为研究的立足点，以旅游地农村为研究焦点，那么旅游产业的辐射功能就是在这样的理论框架之上来阐释旅游产业对旅游地农村社会经济影响的理论基础的。

二、产业辐射功能与农村开发的产业转型

（一）产业辐射功能的类型分析

根据作用客体的不同，产业辐射功能可以分为整体功能和具体功能。整体辐射功能是指旅游产业对旅游地农村经济社会的积极影响，其重点是农村基础设施建设。具体辐射功能是指旅游产业对旅游地农民的积极影响，其重点是经济收入。进行新农村建设，既要从整体功能方面考虑旅游产业对旅游地农村的影响，又要从具体功能方面关注旅游产业对旅游地农民的影响。只有将旅游地农村和农民结合起来审视新农村建设，旅游地农村才会得到全面、健康的发展。

根据作用表征的不同，旅游产业辐射功能可以分为显性功能和隐性功能。显性辐射功能是指旅游产业对旅游地农村和旅游地农民产生的明显的积极影响。这是一种通过感性认知就能够意识到的功能，如农业生产工具的改进、农民生活条件的改善等。隐性辐射功能是指旅游产业对旅游地农村和旅游地农民产生的比较隐蔽的积极影响。这是一种通过理性认知才能够认识到的功能，必须借助一定的表征进行理性分析才能够获得对它的认识，如农民的市场意识、文化素质等。由于分类的标准不同，整体辐射功能、具体辐射功能与显性辐射功能、隐性辐射功能之间可能存在交叉现象。如以农业生产工具的改进为例，从作用客体来看，它属于整体辐射功能；从作用表征来看，它又属于显性辐射功能。

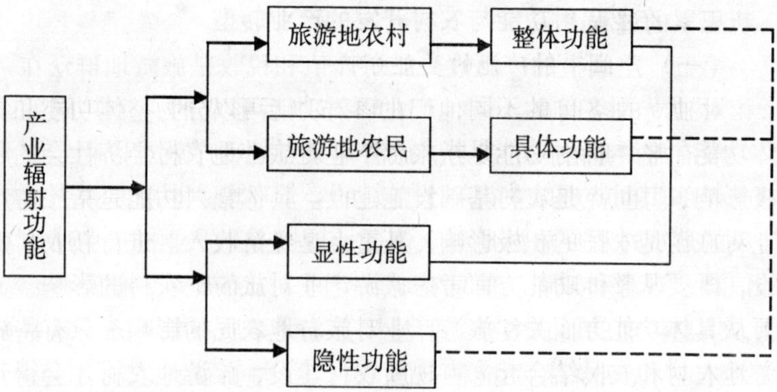

图二：旅游产业的辐射功能

（二）产业辐射功能的特点分析

第一，利益上的关联性。利益的关联性是产业辐射功能存在的核心特征。旅游产业的一个周期，有很多环节都可以直接影响到结果，形成了结果的相互控制和共同承担，注定了产业各个环节存在利益上的关联性，即农民收益和企业效益增长是同步的，而且这种关联具有可激励性。对农民来讲，对产业实施主体（公司）的要求执行不到位或不执行，对其旅游景点不爱护，由此造成的损失表面上是公司的收入受影响，实际上农民也会因此受到一定的损失。对产业实施主体来说，如果合作不到位，指导不到位，农民无法获得好的收益，旅游地的经营就可能存在一些潜在的风险。

第二，时间上的持续性。一个支柱产业的确立到健康、平稳发展是一个地方几代人多方面共同努力的结果。在产业规模不断扩大、旅游质量不断提高的同时，当地农民的个体素质也会渐进性地提高和改变。而这种改变的背后是新的观念、信息、知识、方法与旧的观念、信息、知识、方法发生碰撞并逐步被置换的过程，而且是一个动态的长期的持续的过程，是一个产业辐射效应不断积累的过程。

第三，空间上的广泛性。旅游产值和税收是旅游地群众在一个相对独立的空间融入了他们的参与以后形成的一个共同的结果。没有旅游地农民的参与，旅游地景点的秩序就难以稳定，旅游产业部门也就难以获得一个良好的经营环境。也就是说，这个结果的形成过程使旅游地群众创造性地接受了产业推进中所附载的信息、观念和知识。信息在地域空间上分布规范，信息内容多元，信息传递的形式多样，信息接受主体素质参差不齐，这些都集中体现了产业辐射功能在空间上的广泛性特征。

第四，就业上的密集性。旅游产业属于第三产业，具有极强的文化服务性，也是劳动密集型产业。除了旅游主体产业链需要大量的工作服务人员之外，服务产业链也可以吸纳大量的就业人员。例如，在旅游景点，农民可以出售具有地方特色的旅游纪念品，开农家乐，从事短途运输如摩托车、面包车出租，经营地方特色小吃等。因此，旅游产业在旅游地农村的就业密度和辐射的强度是目前任何其他文化产业都不具备的。

第五，节奏上的同步性。旅游产业因其具有的利益关联性，即旅游地利益的捆绑式关联和旅游地市场直接经济效益的潜移默化，农民有获取旅游信息并根据信息调整行为的内在利益驱动，所以旅游能够促使广大的农村群众对市场信息形成同步的接收和行为调整，完成同步共振。比如说，由于游客对当地交通和非集中性景点感到陌生，就会向当地人询问，当有农民发现通过提供交通工具如摩托车能够获得经济回报时，他就会转向摩托车出租。结果，摩托车出租就会在旅游地形成一个服务项目，实现与旅游产业发展的同步。

（三）农村开发的产业转型

随着旅游者文化素质和欣赏品位的提高，国内外旅游市场的竞争加剧，旅游业也将面临更加沉重的发展压力和更多激烈艰巨的挑战。因为过度的旅游开发也会对不可再生性旅游文化资源造成一定破坏，使其失掉原真性。“热点文化遗址人满为患，造成了珍贵文物无可挽回的损害，也令文化旅游资源迅速退化。”① 作为旅游业的依托基础，文化与自然资源的质量将决定着旅游市场的竞争力。更进一步说，“遗产的旅游吸引力，归根结底在于它的原真性”，因为“原真性是遗产的质量精髓”。② 根据这种旅游原真性原理，旅游业的发展实际上就是对原真性遗产的不断开发，旅游业面临的市场竞争实际上是遗产资源原真性的竞争。然而，原真性遗产一般都是不可再生性资源，破坏之后就不可能再获得。因此，一些地方和政府为了发展旅游业，就开辟新的途径，复制甚至毫无根据地滥建各种古迹、文化景观或（历史与神话题材的）主题公园，如全国多处建造的西游记宫、北京昌平十三陵附近的明皇蜡像宫等。这些假遗产注定是没有原真性和信誉的赝品，将会面临客源的不可持续的境地，最终门可罗雀而无经济效益。③ 从旅游原真性原理的角度来看，老少边穷农村地区的文化与自然景观资源必将成为旅游业开发中的香饽饽，也必将成为旅游产业部门经营的重中之重。这是因为许多旅游文化与自然景观资源都分布在老少边穷的农村地区，而且这些农村的旅游文化与自然景观资

---

① 章建刚：《文化遗产的真确性价值与遗产产业的可持续发展》，载徐嵩龄、张晓明、章建刚主编：《文化遗产的保护与经营》，社会科学文献出版社 2003 年，第 5 页。

② 徐嵩龄：《遗产地旅游及其景区等级评定二题》，载张晓明、胡惠林、章建刚主编：《2004 年：中国文化产业发展报告》，社会科学文献出版社 2004 年，第 96 页。

③ 章建刚：《文化遗产的真确性价值与遗产产业的可持续发展》，载徐嵩龄、张晓明、章建刚主编：《文化遗产的保护与经营》，社会科学文献出版社 2003 年，第 5 页。

源一般都保护得比较好，有的还处于原生态状态，具有极强的旅游开发价值。因此，把发展旅游产业作为社会主义新农村建设的一个途径，就具有理论意义上的基础。

中国几十年来的农村扶贫工作，投入了大量的资金，但是扶贫效果并不理想，政府扶贫资金的边际成本越来越大。政府每10 000元扶贫投入所能扶持的人数依次为：1995 年 7.51 人，1997 年4.91 人，1999 年0.85 人，2001 年0.36 人。[①] 政府扶贫投入的边际产出递减是对中国扶贫工作的巨大挑战。面对这样的实际，国家的扶贫也经历了从自然资源、物质资源的开发到人力资源的开发和社会开发，从输血式扶贫到造血式扶贫再到开发式扶贫。从开发式扶贫来看，旅游开发显然对老少边穷的农村地区具有比较实在的意义。依托文化与自然景观资源，进行旅游产业开发，把农民推向旅游市场，使他们成为旅游产业的主体和旅游收入的获得者，这样，老少边穷的农村地区才会真正实现脱贫致富。因此，实施扶贫开发，应该实现产业转型，立足于产业互利机制，把旅游产业开发纳入其视野中去，为促进社会主义新农村建设建构出一条具有理论和现实基础的产业发展之路。

三、新农村建设的产业辐射功能模式

由于云南老少边穷的农村地区具有丰富多样的独特的文化与自然景观资源，如自然风景区、民间风情、民族村寨和丰富多样的民族文化等，而且日益显示出其潜在的巨大经济价值，因而它们是老少边穷农村地区的农民赖以生存与发展的资源优势，是农村旅游产业开发的最佳载体。所以，建构产业辐射功能模式，发展现代旅游产业，以强有力的措施强化产业辐射功能，这将是老

---

① 陆汉文、岂晓宇：《当代中国农村的贫困问题与反贫困工作——基于城乡关系与制度变迁过程的分析》，载《江汉论坛》2006 年第 10 期，第 24 页。

少边穷地区新农村建设的有效途径。

第一，培育旅游产业实体，奠定产业辐射功能的主体基础。发展旅游产业，政府的责任当然是主要的，但是更关键的是应该明确发展旅游产业的责任人。这是因为有关旅游产业的政府主管部门无法深入基层和旅游地，他们考虑更多的是旅游产业宏观层面的行政管理，这是一种与市场经济规律相左的非持续性发展。政府完成了宏观战略的旅游规划之后，落实规划就要靠具有市场地位和市场运作能力的产业实体来实现。旅游产业实体依靠文化与自然景观资源来生存，就能够在市场利润机制的推动下主动开发和经营文化与自然景观资源，实现文化与自然景观的经济价值。这种推动力和政府行政开发所产生的推动力不一样，是一种建立在市场机制基础之上的内部推动力。柏联集团对腾冲和顺镇的文化遗产保护与文化产业建设就已经证明了这一点。因此，培育产业实体，让产业实体来保护文化遗产，开发文化与自然景观资源，这是实施旅游产业可持续保护的必然规律，也是产业辐射功能实现的产业基础。

第二，立足于农村地区的文化与自然景观资源建设旅游景点或发展旅游项目。农村地区的旅游资源各不相同，有的以自然风景为主，有的以少数民族文化为主，有的以历史文化古迹为主等。旅游产业部门应该针对这些不同点，开发相应的旅游产品。在旅游产品的开发过程中，特别是应该坚持农民就业密集型原则，尽可能多的让当地农民参与到旅游产业中去，使他们获得最大量的经济收入。例如，在少数民族文化为主要特色的地方，我们就可以建民俗生态博物馆，强化突出体验式旅游，让农民为游客提供民族工艺品、民族特色小吃、民族服饰、民族游艺节目、民族表演等，进而获得经济收入。

第三，发动群众，改善农村地区的旅游交通条件。对于老少边穷的农村地区来说，制约当地旅游的关键因素是交通不便利。

无限风光在险峰。许多优美瑰丽的风景都在交通不便利的地方，游客一般都很难到达。因此，旅游产业部门要和当地政府沟通，发动群众架桥修路，为游客提供便利的交通。我们在隆阳区水寨乡平坡村霁虹桥景点调查时发现，当地农民自身也有这样的愿望，他们知道不便的交通会影响游客的流量，所以当地农民就自动组织开山筑路，希望游客的来临能够增加他们的经济收入。

第四，强化产业意识，合理引导群众的旅游经营，促进小城镇建设。旅游产业部门树立产业意识，应该从旅游产业链的角度来考虑，协调产业主体链与产业服务链的关系，重视当地农民的利益，服务当地的经济发展。具体来说，旅游产业部门引导群众参与到旅游产业当中来，可以采用两种方式，一种是吸纳聘用农民实施公司化管理的就业式合作方式。在这种方式中，农民不具有独立的经济地位，以劳动报酬的形式实现经济回报。另一种是设立农民公关部组织指导农民的旅游经营与服务的产业式合作方式。在这种方式中，农民具有独立的经济地位，以经营收入来实现经济回报。在这两种方式中，就业式合作对公司来说简便易行，是目前运用最为广泛的一种方法；而产业式合作由于难度大，大多数公司也没有长远的发展战略，不注重社会效益，没有服务当地经济的理念，因而在旅游发展过程中很少见到。中国与挪威合作项目贵州六枝梭嘎生态博物馆是中国和亚洲的第一座生态博物馆，是以“长角苗”民族文化景观为特征，由 12 个相连的苗族山区村寨组成的风景区。馆区自开放以来已接待了大量的参观游览者，在充分发挥其良好的社会展示功能的同时，也获得了较好的经济效益。贵州六枝梭嘎生态博物馆在引导当地群众参与经营与服务方式就是产业式合作的一个范例。实际上，产业式合作的关键意义还在于引导农民的集中经营，通过固定地点的经营和服务，形成旅游服务的集市，推动小城镇建设。

总之，以系统理论建构的旅游文化产业链是产业辐射功能的理论基础。产业辐射功能是立足于产业主体功能的基础之上的，它对老少边穷的农村地区具有一定的理论和现实意义。建构新农村建设的产业辐射功能模式，以旅游产业带动旅游地农村的经济发展，这无疑是一条值得探索的新农村建设之路。

保山隆阳区乡村旅游的现状及发展对策

摘　要：20世纪末，乡村旅游在国内得到了较快的发展。地处滇西的保山隆阳区在省内外乡村旅游大潮的影响下，也走上了开发经营乡村旅游之路，其中以农家乐休闲娱乐型乡村旅游发展较快，为农民脱贫致富开发了一条新途径。但隆阳区的乡村旅游还处在初级发展阶段，在规划、规模、经营及效能方面还存在诸多不足，乡村旅游的可持续发展是隆阳区乡村旅游发展的方向和目标。

关键词：乡村旅游　含义　隆阳区　问题　对策

19世纪中期，随着世界工业化和城市化进程的加快，现代都市化社会的出现，都市人口快速增长。越来越多的人长年生活在高楼林立、拥挤喧嚣、空气污染、景观呆板的城市中，城市居民离幽美舒适的自然越来越远，加之生活节奏紧张，社会竞争激烈，使得城市生活缺乏生趣、充满压抑，这样，乡村旅游因现代人为了逃避工业城市污染和快生活节奏方式而发展起来。20世纪70年代后，乡村旅游在发达国家得到了快速发展，显示出极强的生命力和巨大的发展潜力。近年来，随着我国城镇化的推进和城镇居民生活节奏的加快，人民生活水平的提高和消费结构的升级，闲暇时间的延长和对生活质量的关注，国内的乡村旅游业也出现了蓬勃的发展势头。

一、乡村旅游的理论分析

（一）乡村旅游的含义及特点

国内外学者相当重视对乡村旅游概念的研究，他们认为乡村旅游的概念涉及乡村旅游理论体系的构建。目前对该概念的界定尚未统一。

国外学者认为乡村旅游应该发生在乡村地区，建立在乡村世界的特殊面貌，经营规模小，空间开阔和可持续发展基础之上的一种复杂的、多侧面的旅游活动，其中乡村性是乡村旅游整体推销的核心和独特卖点。乡村旅游具有位于乡村地区、旅游活动与自然紧密相连、规模都是乡村的小规模、社会结构和文化具有传统性且变化缓慢以及乡村自然、经济、历史环境和区位条件复杂多样性等特点。[①]

国内学者比较认同乡村旅游是指在乡村地域内，利用乡村自然环境、田园景观、农村牧渔业生产、农耕文化、民俗文化、古镇村落、农家生活等资源条件，通过科学规划、开发设计，为城市人们提供观光、休闲、度假、体验、娱乐、健身的一种新的旅游经营活动。它包括乡村农业观光旅游以及乡村民俗文化旅游、休闲度假旅游、民俗旅游、自然生态旅游等多方面，是一项区别于城市旅游，具有地域性、乡土性和综合性的新型旅游业。乡村旅游更侧重于休闲度假旅游这一活动形式。乡村旅游具有活动区域和活动对象的乡村性、景观构成多样性、资源利用可持续性、旅游过程参与性、旅游活动地域性与季节性、旅游产品的文化性

---

① 何景明：《国外乡村旅游研究述评》，载《旅游学刊》2003 年第 1 期，第 76 ~77 页。

以及旅游经营的低风险性等特点。①

（二）乡村旅游的主要形式及意义

1. 乡村旅游的主要形式。

观光型乡村旅游即参观一些特色农业生产景观与经营模式（包括传统的农业生产方式和现代的高科技农业等），或参观乡村民居建筑，或了解当地风土人情及传统文化等等。这种旅游活动所需的时间一般较短。

品尝型乡村旅游即将农业生产场所、农产品消费场所和休闲旅游场所结合为一体。如有的旅游点让游客亲自到果园瓜地采摘瓜果，尽情品尝；有的旅游地为游客提供垂钓服务，并就地加工，让游客品尝自己的劳动成果；有的为游客提供烧烤野炊场所；有的为游客提供特色风味菜肴和餐饮等。

休闲体验型乡村旅游即由农民提供农地，兼顾农业生产与教育功能，通过一段时间的学习学到一定的农业知识，体验农村生活，从中获得乐趣。如游客可参加各种农耕活动，学习农作物种植技术、动物饲养技术、农产品加工技术、农家特色烹饪技术以及农业经营管理等。此外，“农村留学”也属此类旅游形式，即为培养青少年坚韧、朴实、健康，有正义感的人格，许多市民把子女送到农村亲属家去寄宿，参加农场作业、农村社区活动等。

综合型乡村旅游即通常所说的休闲农场。过去的旅游农业项目不少是在原来的果园、花园的基础上发展起来的，而现在开发的旅游农业项目都朝着综合型、多功能方向发展，不仅有生态、生产、生活功能，还具有销售、文化、娱乐、交流功能。这样可避开农业生产的季节性，使农业旅游景点一年四季均能接待游客。游客不仅可观光、采果，体验农作、了解农民生活、享受乡

① 刘红艳：《关于乡村旅游内涵之思考》，载《西华师范大学学报》2005 年第 2 期，第 17～18 页。

土情趣，而且可住宿、度假、游乐。农场内提供的休闲活动内容一般有田园景观观赏、农业体验、童玩活动、自然生态解说、垂钓、野味品尝等。[①]

2. 乡村旅游开发的意义。

我国地域辽阔，乡村旅游的开发，不仅是推动旅游业成为国民经济重要产业的主要力量，极大丰富旅游产业的供给体系，还将成为中国旅游产业的主要支柱。

开展乡村旅游可以促进乡村优势资源开发、景观资源的可持续发展；推动乡村劳动力资源开发与乡村人力资本建设；推动乡村社区风貌塑造；推动乡村人居环境的改善、建设与景观环境的提升。

开展乡村旅游有利于吸引城市的人流、资金流和信息流，打破城乡二元结构，培育农村经济新的增长点；对于农民来说，则有利于开阔视野、更新观念、扩大就业、增加收入，实现劳动力的就地转移。

开展乡村旅游是社会主义新农村建设的有效途径。可以促进农村生产发展、农民生活富裕；可以促进村容整洁、乡风文明和管理民主；可以有效促进农村基础设施的改善。[②]

总之，开展乡村旅游可以疏散游客、缓解城市旅游的压力，而且可以直接促进乡村地区的经济繁荣，带来一系列经济上的连锁反应。同时，对保护和弘扬地方传统文化、保护乡村自然生态环境也具有很重要的意义。[③]

---

① 刘红艳：《乡村旅游开发研究》，载《中南林学院学报》2001 年，第 6 ~ 7 页。

② 周正明：《乡村旅游：新农村建设的有效途径——对迪庆州发展乡村旅游的思考》，载《上海经济研究》2007 年第 6 期，第 104 ~ 105 页。

③ 刘红芳、梁留科等：《乡村旅游热的冷思考》，载《江西农业大学学报》2006 年第 9 期，第 114 页。

二、隆阳区乡村旅游的现状

（一）丰富的乡村旅游资源

1. 良好的政策支持。

国家旅游局确定 2006 年为中国乡村旅游年，宣传口号为“新农村、新旅游、新体验、新风尚”，要求将“旅游产业促进社会主义新农村建设”作为本地区旅游业发展的重要目标之一，进一步加强乡村旅游产品项目的开发，推动乡村旅游更快更好地发展。① 目前，乡村旅游已在全国各地蓬勃开展起来，有力地推动了全国农业旅游和乡村旅游的发展。

目前，保山旅游局提出以“亲近自然、体验文化、享受生活、关爱生命”的现代发展理念，用 3～5 年的时间，打造保山“健康旅游”品牌，叫响“生态 SPA 乐园，户外运动圣地”的宣传营销口号，把保山旅游业打造成最适宜全天候观光、康体、休闲度假、商务会展的旅游胜地和中国著名、世界知名的具有丰富内涵的健康旅游目的地。② 同时，隆阳区的乡村旅游已经引起了各相关部门的重视。“在腾冲旅游率先突破的情况下，省、市各级党委、政府逐渐把目光和工作重点转移到隆阳旅游的发展上，加大了扶持力度。隆阳区党委、政府把旅游业作为一项新兴的支柱产业加以重点扶持和培育，建设一批特色旅游小城镇、民族文化旅游基地和生态旅游村。保山市提出‘两极带动’的发展模式，将隆阳旅游作为两极中重要一极来发展。”③

在国外大力发展乡村旅游以及国内乡村旅游蓬勃发展的形势

---

① 郭焕成、任国柱等：《发展农业旅游，促进农村建设》，中国地理学会 2006 年学术年会，2006 年。

② 徐盛兴：《健康旅游——21 世纪旅游产业发展的方向》，保山旅游网，2006 年 1 月 9 日。

③ 隆阳区旅游局：《隆阳区旅游概况》，保山旅游网，2006 年。

下，保山市旅游局及时制定出“健康旅游”政策，这些都为隆阳区发展乡村旅游提供了良好的政策支持。

2. 优越的地理位置。

保山市隆阳区位于云南省西部，横断山南段，属高原山区市。古称永昌，是云南历史上开发较早的地区之一，历代的边陲重镇，是滇西的交通枢纽，中国最古老的国际大通道——“蜀身毒道”的咽喉要道和物资集散地，著名的“南方丝绸古道”的要冲，是历史上内地通向东南亚各国的重要驿站，是保山市政治、经济、文化中心。

3. 多样性的自然资源。

人口资源：全区辖16个乡（镇）和2个街道办事处。总人口86万，有汉族、彝族、白族、傣族、傈僳族、苗族、回族、德昂族、佤族、满族等10多种世居民族。

气候资源：隆阳区具有低纬度高海拔的高原亚热带气候特点，垂直变化大，季节变化小，夏无酷暑，冬无严寒，干湿季明显，晴雨昼夜有别，小范围立体气候十分明显，有“一山分四季，十里不同天”之说。年平均气温15.5℃，全年无霜期290天。

生物资源：辖区境内动植物种类繁多，有高等植物1 700余种，有鸟类470余种，兽类20余种，鱼类20余种，昆虫类2 740余种。高黎贡山国家级自然保护区植物尤为丰富，被誉为“天然植物国”和“稀有植物避难所”。①

4. 深厚的历史文化资源。

历史文化名镇：板桥镇，位于隆阳区北面，是古丝绸之路的重要驿站，素有“北津烟柳”、“梅花古渡”、“文献之邦”、“永昌粮仓”的美誉。这里还是全国重点建设集镇、云南省历史文

① 保山市招商局：《保山概况》，保山招商网，2004年。

化名镇、省级旅游小镇。板桥著名的青龙街、卧佛寺、龙王塘、光尊寺等10多个景区都有着数百年的历史；金鸡镇位于隆阳区东北面，是滇西著名历史古镇。地处博南古道穿越澜沧江后进入保山的咽喉地带，相传是秦相吕不韦后裔永昌郡守吕凯的故里，有吕凯故里石表、新石器遗址和东汉遗址、金鸡温泉、吕公祠、金鸡寺、卧牛寺、古戏台等胜迹。

休闲旅游公园：城西太保山森林公园有玉皇阁、会真楼、翠微楼、武侯祠、碑林、四川会馆以及辛亥革命先驱杨振鸿、彭墓等胜迹；城北龙王塘农民公园有秋水洞、龙王庙、公主泉等景点；城北有维系着保山坝“粮仓”的兴衰和农业的命脉的北庙水库公园。

佛教圣地：城西佛教圣地梨花坞有慈云阁、醉月楼、卧雪岭、藏经楼、读画楼、飞云楼等景点；城南千年古刹云岩山卧佛寺外洞有中国最大的白玉卧佛，洞中还塑有五百罗汉等佛像，相传由哀牢王创建于东汉明帝时期，唐朝南诏时蒙氏皮逻阁复修，明崇祯十年重修。1961年缅甸前总理吴努偕夫人曾专程前往拜谒，吸引着缅甸、泰国等地的佛教徒来此顶礼膜拜，成了著名的佛教圣地。①

（二）存在的问题

1. 发展现状。

总体来看，隆阳区乡村旅游还处于摸索、起步阶段，规模、产品、服务、从业人员素质等还不能满足日益增长的休闲、度假等市场需求。可以说，隆阳区乡村旅游拥有巨大的市场需求和发展空间，但发展的区域和数量不多，且大多停留在低水平的发展状态。

乡村旅游市场是一个尚未规范，管理滞后的市场。一方面，

---

① 保山市旅游局：《保山风景名胜》，保山旅游网，2005年。

乡村旅游服务质量和游客安全难以得到保障。另一方面，现行的旅游行政管理规定，也限制了乡村旅游向组织化、规模化的方向发展。

2. 存在的问题。

乡村旅游以其游客参与性、体验性强，服务价格低廉，而深受城市居民欢迎，但隆阳区乡村旅游仍存在很多问题。

目前，隆阳区的乡村旅游市场处于自然发展的状态，缺乏管理的市场，规模较小，组织较松散，普遍缺乏规划和策划，各自为政，重复建设。

从经营方式来看，主要是个体经营，表现最为突出的是农家乐休闲娱乐型；从分布地区来看，主要集中分布在隆阳区近郊乡镇，而在远郊的乡镇由于经济相对落后，交通也不便利，这些地方的乡村旅游发展水平更低，规模更小。

乡村旅游产品缺乏品牌，吸引力不强，效益不高；经营管理水平低，人才缺乏，旅游服务水平不高，没有体现自己的特色。

目前，隆阳区的乡村旅游主要以农家乐休闲娱乐为主，而融地方特色文化、民族文化及休闲度假和会议接待为主要内容的现代农村休闲型乡村旅游较少。农家乐的活动内容千篇一律，主要提供吃农家饭、垂钓打牌和搓麻将的场所。

在经济相对落后的滇西地区，虽然人们在观念和意识上对乡村旅游的重要性有了较高的认识，但管理和经营水平却很滞后，只注重收钱，而不注重经营，乡村旅游的可持续发展令人担忧。

云南省的整体文化素质在全国相对比较低，第五次人口普查文盲率 11.39%。在滇西的乡村人口素质就更低了，这非常不利于隆阳区的乡村旅游的发展。①

---

① 李亚、李宏等：《云南省乡村旅游存在的问题与对策研究》，载《云南地理环境研究》2007 年第 3 期，第 125～126 页。

对发展乡村旅游还缺乏足够认识，观念和理念还比较落后，管理体制不健全，因而指导和引导不力。

发展乡村旅游必须要有立法保障，没有健全的法规作后盾，乡村旅游就不能走可持续发展的道路。云南省目前颁布实行的《乡村旅游规划纲要》、《乡村旅游资源保护的有关规定》、《乡村旅游土地利用的具体实施的意见》、《乡村环境保护的条例》、《乡村旅游经营者上岗管理条例》、《乡村旅游质量投诉与责任事故处理条例》等都不健全，将影响乡村旅游的可持续发展。①

三、隆阳区乡村旅游的对策

（一）合理规划，加强管理

规划是发展乡村旅游最基础和最重要的工作，合理的规划能够促进乡村旅游的健康发展。从“解决问题”出发，编制旅游规划，保证乡村旅游可持续发展。在科学界定隆阳区乡村旅游发展阶段的基础上，诊断目前隆阳区乡村旅游发展中存在的问题，并提出解决和调整的措施，提高隆阳作为独立目的地的品牌形象。

要特别重视本地区山水的原生态形象，一切旅游开发活动必须高度重视原生态山水环境的保护和合理利用。提供原汁原味的“真品”给游客。

乡土文化是乡村旅游得以产生和发展的土壤，为了让顾客从历史遗址中领略旅游地区历史的沧桑，一定要注意主要历史遗址残损风貌的保护，让游客看到真实的历史的变迁，不要大面积的维修改造，切忌不顾历史修葺一新。对于边关历史类景点，只要解决可进入性、可游览性和适当地进行一些修复即可，保留其原生态面貌。

---

① 李亚、李宏等：《云南省乡村旅游存在的问题与对策研究》，载《云南地理环境研究》2007 年第 3 期，第 126 页。

地方风情的原生态特别要注意地方民俗风情的传承与保护，只有保护这些民俗的原生态性，才能对外来游客产生震撼力和吸引力。对于风情类产品的开发，不能过分商业化和庸俗化，也要体现地方风情的原汁原味。把乡村人们的生活画面和地方人类历史的演化世界真实地展现给旅游者。①

（二）规范服务，协调发展

旅游业的发展是一个系统的工程，离不开政府的指导和支持。政府应该通过旅游开发政策，土地、水资源和环境管理计划，完善乡村旅游立法，提供政策指导及人力和财力支持乡村旅游的发展。同时，乡村旅游还受到农业、文物、宗教、环保等多个部门的管理，这些部门应该相互协作、共同开发乡村旅游作为共同的利益目标，推进乡村旅游资源的有效配置。

隆阳区的乡村旅游仍处于刚刚起步阶段，经验不足，还不能较好地处理保护与开发的关系，对乡村旅游资源容易形成盲目性的开发，本着“保护第一、开发第二”的原则，对乡村旅游资源采取梯度开发的策略，允许一部分地区一部分人先开发，取得一定成功的经验后再逐步推广。②

强调对经营者进行乡村生态环境和传统文化恢复与保护的宣传教育，同时，可以借鉴饭店业中的星级评定的做法，定期或不定期对旅游开发者和经营者实施“分级”评定，以确定其是否具备开发经营的能力和权利。

（三）加强宣传，扩大影响

隆阳区旅游资源富集独特，初步形成了高黎贡山—潞江民族

---

① 汪升华、刘洋：《都市郊区旅游发展研究》，第二届“海峡两岸休闲农业与观光旅游学术研讨会”，2004年，第357页。

② 王雨昕：《乡村旅游的负面效应及对策研究》，载《商场现代化》2007年第6期，第257页。

生态旅游区、保山田园风光—历史文化旅游区、哀牢山—澜沧江峡谷山水历史文化旅游区三大重点旅游景区网络体系，并有隆阳独特的哀牢文化、永昌文化、丝路文化、抗战文化、知青垦荒文化、少数民族文化和高黎贡山、怒江峡谷、澜沧江峡谷等自然人文旅游资源。

目前，由于整体宣传促销力度不够，缺乏产业规模，必须全力整合打造，使之形成规模化、集约化的一个产业。隆阳区必须打破行政和条块分割，进行总体策划，实行“政府主导、企业主体、市场运作”的模式和整体开发、整体包装、整体促销的方式。采取“走出去、请进来”的形式进行宣传，参加国内旅游交易会进行宣传推介，邀请国内媒体记者到隆阳采风等，积极开拓客源市场，逐步提升隆阳区旅游品牌的知名度，扩大隆阳旅游品牌的影响力。①

① 解丽平：《突出特色 打造精品 促进旅游产业跨越式发展——在隆阳区2007年旅游工作会议上的讲话》，保山旅游网，2007年4月24日。

保山坝子农家乐旅游存在的问题及策略

摘　要：20 世纪末，农家乐旅游在国内外得到迅速发展，保山坝子的农家乐旅游以其较快的速度发展起来，该区农家乐在发展中形成了独具特色的魅力，激活了保山旅游业，促进了保山相关产业经济的发展。但由于保山坝子农家乐旅游还处于起步阶段，在经营理念、管理水平、服务质量、基础设施等方面还存在诸多不足，有待改进，以期形成游客、商家及周边环境“三赢”的可持续发展。

关键词：保山坝子　农家乐旅游　问题　策略

一、保山坝子农家乐旅游的兴起

农家乐旅游兴起于 19 世纪 30 年代的欧洲，欧盟和世界经济合作与发展组织把它定义为“乡村旅游”，意思是指发生在乡村地区的旅游活动，乡村特点是它的核心和卖点。[①] 从 20 世纪 80 年代开始，随着中国经济、社会、文化的不断发展，城镇居民收入水平提高的情况下，乡村旅游作为一种新兴的休闲娱乐形式逐渐发展起来。20 世纪 90 年代以来，旅游业和农业的发展，农村条件日益改善、城市居民收入增加以及假日经济的兴起，促进了农家乐旅游在我国迅速发展。

---

① 徐延山：《农家乐可持续发展的思考》，载《政策瞭望》2006 年第 11 期，第 40 页。

农家乐旅游是指经营者为旅游者提供钓鱼、棋牌、农家饭以及让旅游者参观、选购鲜花和采摘新鲜的水果蔬菜等，主要让游客自娱自乐。“吃农家饭、品农家菜、住农家院、干农家活、娱农家品”为农家乐旅游特色。

农家乐旅游以其物美价廉吸引了大量的旅游者，在保山坝子周边的农家乐人均只需8～12元就可以品尝到乡土风味的农家饭。由于农家乐投资少、风险小，经营灵活，且见效快，经营者只需利用闲置的房屋和简单的生产资料及周边的绿色资源进行整合经营即可。

保山坝子农家乐旅游依托保山坝子特有的田园风光，坝子近郊板桥、河图、金鸡等自然风景区，哀牢古国的民俗风情和古老的丝路文化和侨乡文化；良好的交通区位，距离市中心约20分钟到1小时的车程，乡村道路发达；农家乐提供一种家一般的亲情服务吸引大量游客。

跨入21世纪以来，省、市、区各级政府为发展旅游业出台了《云南省旅行社和从业人员管理暂行办法》、《旅游规划通则》《旅游区（点）质量等级的划分与评定》、《保山市人民政府加强旅游规划管理工作的办法》、《保山市旅游发展规划》、《打造保山“健康旅游”品牌策划书》、《高黎贡山总规总体策划》等政策法规。①

2006年在全国“乡村旅游年”的大气候影响下，保山市政府根据保山自然景观神奇罕见、良好的气候条件、历史文化悠久、名胜古迹众多等旅游资源的优势提出了“打造保山健康旅游”的口号，把保山建设成“生态SPA乐园、户外运动圣地”。

2007年4月隆阳区召开首次旅游工作会议，会议上根据《认清形势　扎实工作　努力开创隆阳旅游产业发展新局面》、

---

① 保山旅游局：《政策法规、发展规划》，保山旅游网，2006年2月16日。

《隆阳区旅游产业发展“5181234”工程实施计划》、《突出特色　打造精品　促进旅游产业跨越式发展》等报告，提出了隆阳旅游要紧抓云南旅游“二次创业”的机遇，增强发展旅游的紧迫感、责任感。[①] 通过体制机制创新、发展环境营造、重大项目开发、旅游市场拓展，提升旅游产业的综合效能，促使隆阳旅游上一个新台阶。努力把保山创建成为中国优秀旅游城市，滇西旅游枢纽和旅游休闲度假区。

政府的政策、资金上大力扶持等均促进了保山旅游业的发展。2006 年，（隆阳）全区接待海内外游客 106.1 万人次，实现旅游总收入 3.73 亿元，同比分别增长 13.23% 和 17.29%。[②] 2007 年 1～4 月全市共接待旅游者 166.68 万人次，同比增长 4.72%；实现旅游业总收入 6.27 亿元，同比增长 16.75%。其中，4 月份共接待旅游者 27 万人次，同比持平；实现旅游业总收入 1.05 亿元，同比增长 1.00%。[③] 从这些数据可以看出，保山旅游发展迅猛，作为保山坝子乡村旅游的一种主要形式——农家乐旅游的发展速度、规模可见一斑。

二、保山坝子农家乐旅游存在的问题

保山坝子农家乐旅游业还处于起步阶段，由于缺乏合理的规范和正确的引导，存在不少问题，主要表现为：

（一）认识不高，观念滞后

对旅游业在经济社会发展中的带动作用缺乏应有的认识，没

---

① 解丽平：《突出特色　打造精品　促进旅游产业跨越式发展》，保山旅游网，2007 年 4 月 24 日。

② 解丽平：《突出特色　打造精品　促进旅游产业跨越式发展》，保山旅游网，2007 年 4 月 24 日。

③ 李庆良：《保山市 1～4 月旅游接待人数及旅游收入情况》，保山旅游网，2007 年 5 月 15 日。

能够真正认识到农家乐旅游是富民产业，具有显著的社会经济属性。农家乐旅游发展带来的物流、人流、信息流的互动，从而导致人们的价值观念的改变，有利于建设小康社会及和谐社会的构建。

（二）机制不活，依赖性大

旅游投入机制不活，对政府投入的依赖性较大，民间投资、外来投资渠道不畅，由此造成旅游投入严重不足，许多好景点开发利用不够；农户经营的分散化，农民从业技能的限制，农村保守封闭的观念，依附性强，自主意识差，致使农家乐产品档次低。

（三）旅游产业链条短

旅游设施落后、档次低，多数景区的吃、住、行、娱、购设施不配套，景点分散经营，不能形成规模，至今没有一个 3A 级以上景区，没有叫得响的旅游品牌。[①] 农家乐旅游业的发展现状与周边县、区相比差距很大。

部分农家乐的房屋都是自行搭建的简易房，材质简陋，安全设施不到位，属典型的危房。如重庆涪陵北山坪后山一家农家乐，在 2007 年 3 月 12 日，一群游客正准备吃饭时，楼房突然垮塌，14 名大人小孩从楼上坠下，不同程度受伤。[②] 说明农家乐旅游在全国存在较大的安全隐患。

（四）规模小，产品单一

保山坝子农家乐以家庭个体小规模经营为主，旅游产品类型单一，低层次重复开发，产品质量低。农户经营的农家乐一般院

---

① 解丽平：《突出特色　打造精品　促进旅游产业跨越式发展》，保山旅游网，2007 年 4 月 24 日。

② 郑军：《重庆旅游区农家乐简易房倒塌 14 人坠下受伤》，载《华西都市报》2007 年 3 月 13 日。

落不大，院内多摆设些盆景，种植花卉、树木，游客进院，五分钟即可游完，被戏称为“五分钟院落”。[1] 园内设置桌椅，客人在这里面无非是喝喝茶、打打麻将和扑克而已；再摆设一部电视供客人观看电视节目和唱卡拉 OK 之用，所谓的农家饭不过是农户从城里买的米、面、蔬菜、肉蛋等做成的，户户如此；旅游活动项目单一，缺乏变化，若是一农户开发出新项目，其他农户群起仿效。

（五）卫生条件脏、乱、差

农家乐卫生状况不容乐观，大部分农家乐厨房内无排油烟和除尘的设备，没有专门的消毒碗柜等，卧具不整洁，夏天有蚊子、苍蝇进屋，特别是有些农家乐，在吃饭时苍蝇在餐桌上狂飞乱舞，本想吃农家饭的心情荡然无存；无排污设施，大量生活垃圾、生活污水随意排放，燃料消耗大，环境污染严重等。

（六）乡村经济的负效应日渐凸现

过分夸大了农家乐旅游业的作用，致使许多农民离开土地，从事旅游服务，基本上不再以农业生产为经济来源，增加了乡村经济的风险性；[2] 农家乐的风行导致消费品和服务价格上涨，提高了当地居民的生活消费水平；富裕的农民利用手中的资金开设农家乐旅馆，经济较差的农户由于缺乏资金只能从农家乐旅游中获得相当少的利益或者没有利益，造成农村贫富差距拉大。

三、保山坝子农家乐旅游的可持续发展策略

（一）合理规划，加强管理

制定《保山坝子农家乐产业发展规划》，坚持一村一个特

---

① 刘刚、孙建：《成都郊区的乡村旅游发展探析》，载《边疆经济与文化》2007 年第 1 期，第 25 ~ 26 页。

② 王雨昕：《乡村旅游的负面效应及对策研究》，载《商场现代化》2007 年第 6 期，第 256 页。

色，在延长产业链条、突出地域特色上下工夫。精心包装“农家菜、农家院、农事、农情、农舍游”等系列互动参与游活动，开发“庭院式农家乐”、“庄园式农家乐”、“生态型农家乐”、“参与式农家乐”等不同风格的特色套餐，实施农家乐规范化、特色化、产业化发展，不断提升农家乐的服务品质和文化魅力。

（二）规范服务，协调发展

2007年7月1日开始实施由商务部制定的《农家乐经营服务规范》，① 对旅游景点相关设施的环保、消防、卫生、安全等多方面作出了详细的规范和要求，还特别根据经营服务的质量划分了5个等级。此外，《规范》首次对农家乐旅游按经营模式进行了划分，有田园休闲型、山地观景型、民俗风情型等6种类型。这不仅细化了农家乐的服务标准，而且利于用科学的规划引导农家乐的深入开发。

（三）加强宣传，扩大影响

建立隆阳农家乐信息咨询网，对农家乐进行分门别类地介绍，设置区域选择、特色选择、类别选择、星级选择、交通路线、区域地图、农家乐通信录、农家美食、农家土特产、农家娱乐等栏目。

对经营者进行乡村生态环境和传统文化恢复与保护的宣传教育，同时，可以借鉴饭店业中的星级评定的做法，定期或不定期对旅游开发者和经营者实施“分级”评定，以确定其是否具备开发经营的能力和权利。

（四）加强环境的双重建设

一方面，农家乐旅游的“硬环境”是指自然生态环境和基

---

① 轶名：《7月1日正式实施农家乐经营服务规范》，乐途旅游网，2007年7月3日。

础设施环境；另一方面农家乐旅游的“软环境”是指农家乐从业人员的服务水平和文化活动的质量水准。

农家乐旅游是全国旅游业新发展的方向，保山坝子也就此展开了一系列配套设施的投建，政府应加强对农家乐项目涉及农业用地与商业用地的审批、监管力度，避免有关用地性质成为打“擦边球”，成为制约其整体开发诸多瓶颈之一。

针对农家乐旅游是近几年新兴的细分旅游产品，没有行业准则的情况，不少商家无证经营，农户经营农家乐旅馆必须取得消防许可、卫生合格等各种经营证件，避免“浑水摸鱼”的现象再次出现。

农家乐的消费时间主要集中在节假日，服务人员大多是临时聘请的当地农民，因此，应加强服务人员的培训，按照商务部的要求，如果是五星级，“农家乐”服务员必须熟练掌握普通话和外语。

（五）理性认识农家乐旅游的负面效应

农家乐旅游的负面效应绝大多数并不是农家乐旅游本身所固有的，而是发展农家乐旅游的理念、具体方式、强度不够合理及一些配套管理措施跟不上造成的。[①] 政府应加强对从业者、旅游者等人群积极宣传人与自然的正确生态理念，改变传统的以自然为敌的价值观念。

从经济学的角度来看，人只有从资源保护中获得回报或者受益才可能自觉地保护资源，让农户参与农家乐经营活动，最大限度地保护农民的利益，让他们从资源保护中获得实实在在的好处，才能调动他们保护自然资源和文化资源，减少人为生态破坏的积极性。政府应该采取政策措施合理规划分配农家乐

---

① 马文银：《生态旅游的负面效应及对策研究》，载《生态经济》2003 年第 10 期，第 137 页。

旅游资源，对乡村旅游资源采取梯度开发的策略，允许一部分地区一部分人先开发，但是要兼顾整体利益、生态利益、经济利益和社会利益的一致，实现农家乐旅游的可持续发展战略，有利于社会主义新农村建设。

寺庙文化遗产的生存状态

摘　要：寺庙文化遗产存在以下三种发展倾向：处于失位状态的寺庙文化遗产，如光尊寺；处于自救性自生状态的寺庙文化遗产，主要有顺龙寺和哀牢寺；处于经营性自生状态的寺庙文化遗产，如卧牛寺。从文化产业的角度来看，保护文化遗产就是在促进当地经济与社会的发展。无论是哪一个寺庙，它们都是文物保护单位，都是珍贵的文化遗产。但是，许多人对寺庙文化遗产的重视还不够，所以寺庙文化遗产的自生自灭就成为目前的生存主流。我们应该改变观念，响应国家的文化遗产保护政策，切实行动起来，采取有效可行的方法，积极主动地保护好我们祖先所创造的珍贵文化遗产。

关键词：寺庙文化遗产　生存状态　文化遗产保护

2007年3月，我们深入保山坝环城北片区进行田野考察，了解该片区寺庙文化遗产的保护与开发状况，以便探索其产业化发展的对策。作为课题组的负责人，我深入了解相关情况，并基于调查数据认为，寺庙文化遗产存在以下三种发展倾向：

第一种是处于失位状态的寺庙文化遗产。比较典型的代表就是位于板桥乡世科村后山梁的光尊寺。作为寺庙文化遗产，光尊寺的历史文化价值毋庸置疑：一是历史价值。光尊寺为唐朝天宝二年（743年）南诏王皮逻阁修建，是保山宗教发展史上的一个里程碑。1942年，太平洋战争爆发，日军大举进攻滇西，中国远征军进驻保山。该寺曾一度被选做远征军司令部驻地，国民党高级将领卫立煌、李根源等多次在这里召集军事会议，制定抗日策略。1945年抗战胜利，为纪念远征军讨敌寇、复国土的伟大功勋，经地方人士倡议，在此创办了远征中学。从这个角度来看，光尊寺是现代革命史上中国人民爱国不屈的革命精神的历史见证。二是文化艺术价值。寺坐东向西，依山形建成七进五院，共二十三座房屋，另附戏台一座，占地九千平方米，建筑布局由低到高纵向排列为：山门—过厅—斗姥阁—文昌宫—大雄殿—观音殿共五个院落。因地形制约，主建筑中的斗姥阁、文昌宫两院分别向南北两侧偏离中轴线，呈交错状。文昌宫、大雄殿、观音殿为穿斗抬梁混合式歇山顶殿宇，规制宏大雄伟；斗姥阁、瑶池楼和戏台为抬梁式重檐歇山顶阁楼，形制精巧紧凑，其余建筑均为穿斗式硬山顶楼房，风格古朴典雅。作为目前保山规模最大、保存较为完好的古代寺庙建筑群，光尊寺应该算得上是保山民族文化艺术研究上特别是建筑艺术上最有价值的实物形态。当时，光尊寺静寂无人，一个照看的老人年纪也较大，我们无法与之交流。尽管有围墙，也建了保护标志碑，但是这些形同虚设，任何人都可以随便进入，难以真正起到保护作用。看到寺内残垣断壁，建筑破败不堪，我们甚为心寒。不过，令人欣慰的是，保山市旅游开发股份有限公司已经开始了对光尊寺展开抢救性维修项目的市场运作。

第二种是处于自救性自生状态的寺庙文化遗产。属于这种生存状态类型的寺庙典型主要有顺龙寺和哀牢寺。位于河图镇的河村顺龙寺，我们去调查时，寺内正在进行部分建筑的重修。顺龙寺目前尚存且保护完好的古建筑有三栋，不过，山门戏楼目前并没有纳入到顺龙寺，为当地居民和老年协会占据，面临摧毁的境地。寺内的重新修建资金也是依靠香客捐献和民间集资，现代化气息也在渗透，我们就见到有一个房间也是以瓷砖铺地面。寺内年老僧众的生活主要靠香火捐献，稍微年轻一点的出家人则是依靠自己出家之前的经济积累。由于顺龙寺还没有宗教活动场所许可证，因而香火并不旺，生存艰难。和顺龙寺相比，哀牢寺则要稍微好一点，它已经取得宗教活动场所许可证，可以开展正常的宗教活动。尽管哀牢寺为千年名寺，历史悠久，但是，哀牢寺并不存在任何古建筑，建于哀牢山上的哀牢寺也是近几年重新修建的，看起来也相当新，没有历史文化厚重感。再者，登上哀牢寺相当困难，没有一条便捷的山路，没有一点毅力的香客根本就到达不了哀牢寺。我们到达山上的哀牢寺时，只有一个小和尚独守大雄宝殿，静研佛经。寺中住持向我们介绍，他们主要靠微薄的香火和自己开垦种植寺有土地为生，生活相当困难。从山下低矮破旧的“哀牢胜境”山门和山门正对的玉泉旁边的一幢破旧的古建筑来看，哀牢寺的文化遗产保护显然是空白，寺内僧众能够维持生计就已经相当不错了。

第三种是处于经营性自生状态的寺庙文化遗产。位于金鸡乡村东三公里大溪山中的卧牛寺就是这样一种生存状态。寺坐东向西，依山形建成四个院落。古寺周围山形环绕，青林万顷，古寺的白墙红柱在碧林丛中显得格外醒目。寺内建筑焕然一新，显然是重修不久。通过功德碑的记载，我们可以了解到该寺的重修资金来源是民间集资或香客捐献。来卧牛寺的道路能开进中小型车辆，水电设施完善，特别是有一幢靠北的建筑完全类似旅店风格。大雄宝殿的现代气息也比较浓，地面为瓷砖铺就。我们去卧牛寺的那天，寺庙内一个比较空旷的过厅里摆了几桌麻将，香客游人正在热火朝天地搓麻将，寺里的僧众则忙着做斋饭。位于保山城西九隆翠岗之下的梨花坞也是归属于这种生存状态类型的寺庙文化遗产。与卧牛寺略有不同的是，梨花坞主要以经营斋饭为主，而娱乐性不是很明显。卧牛寺通过走市场化经营的旅游道路来寻求自身的生存，这本无可厚非。但是，作为寺庙文化遗产，我们必须遵循文化保护规律，否则，寺庙文化遗产就会在错位的生存中失去它既有的文化遗产价值。

这三种生存状态对于保护寺庙文化遗产来说显然不是理性的形态。我们可以看到，无论是哪一个寺庙，它们都是文物保护单位，都是珍贵的文化遗产。但是，由于许多人还存在把寺庙看成是迷信活动场所的落后保守观念，对寺庙文化遗产的重视不够，所以寺庙文化遗产的自生自灭就成为目前的生存主流。从文化产业的角度来看，保护文化遗产就是在促进当地经济与社会的发展。我们应该改变观念，响应国家的文化遗产保护政策，切实行动起来，采取有效可行的方法，积极主动地保护好我们祖先所创造的珍贵文化遗产。

中小城镇寺庙旅游开发研究

——以云南保山坝为个案

摘　要：寺庙文化遗产蕴涵着丰富的社会历史文化价值，是文化旅游产业开发的重要资源依托。但是，现在我们对宗教旅游资源的价值还缺乏前瞻性认识，宗教旅游开发经营项目单一，很多寺庙旅游开发还造成生态环境破坏。基于这种现状，我们应该理性认识寺庙旅游开发，合理规划，形成体系；要改变经营理念，综合开发旅游产品，突出地方和宗教特色；更要保护生态环境，形成宗教生态观的可持续发展原则。

关键词：寺庙文化　旅游开发　生态环境　可持续发展

一

保山历史文化底蕴深厚，是著名的“西南丝绸之路”边境上的重要驿站。自汉以来，保山就有着频繁的商贸活动和文化交流。而宗教传播则与经济贸易有着密切联系，保山西临佛国——缅甸、泰国、印度等国，在公元（元年）前后，成为佛教的集散地。[①] 因此，在保山坝各村落都曾修建规模不大的寺庙，后因各种原因大都遭破坏。20 世纪 80 年代以来，许多寺庙得到修葺，著名的有云岩卧佛寺、九隆岗下的梨花坞、金鸡卧牛寺、大西山海棠村的栖贤寺、河图的哀牢寺及顺龙寺等。保山是以人文

---

① 轶名：《卧佛寺：开启隆阳旅游的一扇窗》，保山政府网，2007 年 12 月 28 日。

景观与自然景观集于一体的旅游名城，近年来以文物、古迹、名胜等人文景观为主的文化旅游产业发展迅速，成为保山经济发展的重要依托。因此，发挥寺庙文化遗产优势，深层次开发文化旅游资源，以改变保山坝旅游景点小、散、品质不高的特质，促进保山经济发展。

一、寺庙旅游蕴藏的社会文化价值

寺庙旅游是指围绕寺庙旅游资源开展的旅游活动，不仅包括宗教信徒因宗教目的而从事的旅游活动，如朝圣、求法、传法、云游等，也包括非宗教信徒出于兴趣，志在考察、体验宗教及其文化内涵或观赏宗教艺术、器物、圣迹等的旅游活动。①

寺庙因其宗教思想、活动、建筑等的丰富文化内涵而具有很强的文化性。这种文化性具有很高的旅游价值。而现代旅游的一个特点就是文化性强。随着旅游的日益发展，人们的欣赏水平已不仅仅停留在原来的观赏层面上了，人们更注重旅游产品的品味，强调旅游的文化性，因此寺庙旅游正迎合了现代旅游者的这种需求。②

宗教中包含了许多人类世代相传的对人类发展、社会存在、人际关系等极有价值的普遍道德准则，如不偷盗、不妄语、帮助弱者、买卖公平、孝敬父母、诚恳待人等。宗教教义通常也规定了涤罪、悔改、洁净的内容。③ 宗教道德的这种劝人为善、戒除恶念、净化身心的境界和求善情结往往成为旅游者乐于接受的美好道德品格，其吸引力巨大，对现实世界的人具有明显的启迪、

---

① 严亚玉：《宗教旅游论析》，载《厦门大学学报》2000 年第 3 期，第 69 页。

② 陈炜、黄达远：《传统节日文化中的宗教文化因素及其在旅游开发中的运用》，载《青海社会科学》2007 年第 3 期，第 159 页。

③ 丁新艳：《浅析宗教文化的旅游价值》，载《沧桑》2007 年第 3 期，第 88 ~ 89 页。

安慰、寄情的作用。在日益浮躁的世风之中，宗教容易使人找到了行为准绳和精神寄托。

宗教寺庙是宗教文化的主要载体和传承物。它们的建筑、绘画、音乐、节事、信仰人物以及气氛环境各异，很多寺庙旅游资源体现了“天人合一”的思想。宗教建筑是以物质形式填入宗教精神内涵后的产物，宗教充分利用建筑艺术的象征性，使宗教建筑成为神圣的象征物。保山宗教建筑类型多样，有传统庭院式的栖贤寺、云岩卧佛寺、梨花坞、文笔塔和正在修建的宝丰千佛塔，这些建筑寺庙具有高超的艺术特性和庄重之美，都从不同侧面作为宗教文化的源流在保山这块土地上展示着风采，成为保山历史文化遗产的重要组成部分。

道家认为高山为神仙之居所，山林是最好的成仙之所，而佛教追求一种超凡脱俗的理想境界，正所谓“天下名山僧占多”。而大西山下海棠村的栖贤寺位于道、佛教追求的远离尘世的偏僻幽静山林之中，寺的周围树木郁郁葱葱，寺内柏树苍劲、桂花飘香，山涧流水潺潺，其声寺中可闻，达到隔绝喧尘、面势宽广、环合四抱的佛教追求之境界，游人置身于其中真正体验到“返璞归真”的感觉。风景资源在保山坝已经为数不多，这种山水宗教风貌景观，集科学、历史、观赏、文化价值于一体，吸引了千千万万的人们去游览，丰富了人们的生活情趣，今日已成为宝贵的旅游资源，具有旅游观光价值。

在我国，宗教具有很好的融合性，佛教和道教两教共一山的情况为数不少，而且在同一座寺庙中可以同时供奉二教的祖师。[①] 就保山坝来说，这样的例子就不少，如毛公山上的哀牢寺和山下的道教庙观共处一山，河图村顺龙寺原来供奉的佛、道两

---

① 郑嫱婷、陆林等：《宗教旅游可持续发展研究》，载《安徽师范大学学报》2004 年第 5 期，第 539 页。

教的塑像和平相处。

二、保山坝寺庙旅游开发的现状及存在的问题

（一）对宗教旅游价值资源缺乏前瞻性认识

保山坝的大部分寺庙都有着悠久的历史，寺内的古建筑、古塑像等人文遗迹有着极高的历史价值、艺术价值及旅游价值，是经过历代僧人苦心经营发展起来的。不过，这些寺庙大部分都遭到了破坏。因此，在重新修建寺庙的过程中，重建者应尽量保持原寺庙的格局，否则，将会失去历史文化底蕴，旅游价值也将大打折扣。

位于毛公山上的哀牢寺、金鸡镇的卧牛寺、九隆岗下的梨花坞、河图村的顺龙寺、大西山下海棠村的栖贤寺等寺庙，在规划维修过程中，都没有坚持“修旧如旧”的原则，而是“整旧如新”。重修者基本抛弃木质、青石等寺庙建筑专用材料，而是采用钢筋混凝土、地板砖来修建，以致重修之后的寺庙失去了昔日寺庙的风貌。寺庙旅游由于其资源独特性和游客稳定性，与观光型旅游和游客参与性较强的乡村旅游不同，吸引的更多是本地回头客。本地回头客可能不太计较风格的变化，但是带有挑剔性的观光游客由于寺庙的历史文化底蕴大大缩水，兴致顿减，很难再来旅游。这样，寺庙旅游便失去了最大市场消费潜力，难以提升寺庙旅游的竞争力，会大大缩短旅游产品的生命周期。

由于缺乏规划指导，保山坝寺庙旅游地盲目建设，胡乱开发造成了管理的混乱。一些投资巨大的项目经济效益低，骑虎难下，面临艰难的处境。如位于板桥镇的光尊寺和大西山的栖贤寺仍还有佛像长期置于露天之下日晒雨淋，已失去佛像的威严性。

（二）宗教旅游开发经营项目单一

在保山坝各大寺庙旅游，游客基本处于一种静态旅游，还没有形成动态旅游模式，旅游则仅仅是在寺院参观佛像、雕刻、古

树，烧香拜佛，或者花上两元钱在寺庙中抽取一张关于家庭、生活、事业、爱情等的签纸，请寺庙的和尚、道士为自己的未来进行解读聊以慰藉，不到半个小时全部旅游过程就结束了。

目前保山坝寺庙旅游项目单一，作为专门的文化旅游，还没有形成专业的旅游产品，其他寺庙旅游产品也只是处于萌发状态。宗教旅游地本是宗教与文化、自然景观的综合，应该有层次、有重点、互动式开发，满足各种旅游者的需求。①

保山坝有些寺庙为了维持寺庙的生存与发展，开发了为游客提供的食、住、游、娱等一体化的旅游产品，但娱乐这一项目，基本上变成单一的“国粹”活动——搓麻将。每逢周末或节假日，卧牛寺、金鸡寺、栖贤寺便聚集着这一爱好的休闲旅游度假者，临近山门便能闻见中国人耳熟能详的麻将声，这使寺庙失去了应有的庄严和肃穆，使具有深厚历史文化底蕴的宗教圣地在市场经济大潮影响下成了供人娱乐消遣的场所。

（三）寺庙旅游开发造成生态环境破坏

旅游业将作为支柱产业之一成为我国国民经济新的增长点。因此，许多地方都大力开发旅游资源，积极发展旅游业，以振兴地方经济，掀起了旅游资源开发的热潮。我们看到开发在旅游业发展中的重要作用的同时，也要看到开发中对资源造成的破坏、对环境构成的威胁等负面影响。

在寺庙旅游开发中存在的急功近利思想使得一些寺庙旅游资源已面临严峻的发展可持续性问题。在开发建设中，由于认识的误区，旅游规划中采用粗放、野蛮、掠夺式的开发方式极容易造成对旅游资源和景观的破坏，如森林被毁、植被破坏、水土流失、山体滑坡等。

---

① 郑嫱婷、陆林等：《宗教旅游可持续发展研究》，载《安徽师范大学学报》2004年第5期，第540页。

例如，位于大西山海棠村的栖贤寺原来与卧佛寺、梨花坞、卧牛寺等齐名，现在则游客甚少、香火不旺，居住在大西山脚下的村民有的也不知道大西山之中还隐藏着这么一座千年古刹。栖贤寺重修于20世纪80年代末。为了更快的修建栖贤寺让游客上山烧香拜佛，沿山修建了一条公路直通栖贤寺，这一公路的通车虽加速了栖贤寺的修建，方便了游客烧香拜佛，但对山上的风景资源及栖贤寺的旅游资源破坏也是严重的。沿山植被、水土遭到破坏，原来溪水潺潺的山涧被泥沙填满淤塞。在山间河谷修建了三座防沙大坝，但现在泥沙已将大坝填满，给山下的村庄、农田带来巨大的隐患。同时，由于修建公路，栖贤寺周边开发果园，寺院前面修建规模巨大的墓地群，这些不良行为已造成栖贤寺大门前、屋后山体严重滑坡，使栖贤寺处于随时毁灭之中。

另外，由村民集资修建的正在建设之中的红庙村宝丰寺千佛塔，同样也存在破坏生态环境、造成水土流失的隐患。挖掘出大量的泥沙，对环境也将造成一定的破坏力，对塔自身也构成严重的威胁——随时有塌方的可能。

三、保山坝寺庙旅游开发对策

（一）理性认识，合理规划，形成体系

理性认识和合理规划是发展寺庙旅游最基础和最重要的工作。合理的规划能够促进宗教旅游健康发展。为保证寺庙旅游可持续发展，应走“先规划，后发展”的路子，对寺庙旅游资源进行科学的规划开发。从旅游角度来看，寺庙旅游资源是一种不可再生资源，一旦遭到破坏便永远不能恢复原貌，即使仿原修复也仍失去了“原汁原味”古色古香的文化底蕴。寺庙旅游没有了文化性和神秘性，则寺庙旅游便没有旅游价值可言。

旅游消费对象即市民阶层是旅游市场的主体。寺庙旅游的游客大体上可分为宗教信徒、民间信仰者及特殊消费群体等。目

前，各种宗教徒的总数约占世界人口的一半左右，对于宗教信徒来说，寺庙文化旅游是无可抗拒的，而且复游率高，他们会定期、多次前往心目中的圣地或圣寺。宗教信众的进香、拜佛、朝圣活动产生了巨大的旅游流。他们无疑是寺庙文化旅游的稳定的强大客源。但在保山坝，这类宗教信徒不多，而更多的是民间信仰者，他们不需举行任何入教仪式，不受教规约束，只是举行宗教活动时会前往参加。例如2008年农历正月十一日在河图村顺龙寺举行的开光法会，有许多信仰者才前去参加。这些民间信仰者以中老年游客群体居多。

特殊的消费群体是指这样一类人，他们的欣赏水平已不仅仅停留在原来的观赏烧香拜佛的层面，他们更注重旅游产品的品味，强调旅游的文化性、神秘性，从本质上讲，他们旅游的目的是对异域和异质文化的了解。[①] 以宗教园林景观为目的地的旅游尤其如此。为了较好地满足这类游客的特殊消费需求，保山旅游业的管理开发人员至少应系统了解有关的宗教问题，即佛教在保山的变异及中国民族宗教的产生、发展与现代社会生活的关系。

（二）改变经营理念，综合开发旅游产品，突出地方和宗教特色

目前保山坝寺庙旅游活动内容单调、肤浅，很难令游客满意。很多情况下，仅仅将寺庙旅游作为一种对寺院、道观古建筑的“观光旅游”来发展，处于一种物质性的开发层次，同时表现出过多的商业化成分，而宗教能启迪智慧、唤起道德、重塑人生价值的功能却很少被挖掘开发，没有展示出其精神层次的价值来。针对保山坝寺庙旅游游客主体及寺庙规模较小的特点，相关主管部门应制订出符合保山坝寺庙旅游实际情况的特色旅游方

---

① 刘翠：《试论宗教文化与中国旅游》，载《清华大学学报》2003年第6期，第42页。

案，打造品牌，吸引八方游客。

目前，保山坝的宗教场所既归宗教部门，又归文化旅游等部门管理。开发寺庙旅游活动中，旅游管理部门不应仅仅着眼于短期内可获得的旅游收益，而应该更多地从维护宗教正常发展的角度来思考问题，尽量多与宗教部门沟通，并遵守宗教活动场所的规则，把对正常宗教活动的干扰减少到最低程度。

目前，保山坝还没有专职的寺庙旅游导游，省、市、区旅游局应当组织寺庙导游的培训，提高寺庙导游的传统宗教文化修养，减少对宗教界人士过多的外界干扰，使他们可以更专心地研习经书，守戒修行。

改变宗教旅游由过去“静态”旅游为现在的“动态”旅游，“观光型”游客为“学习型”、“参与型”游客。① 让游客参与相关的教事活动，在寺内居住一段时间，与出家人同吃同住，进行“摸顶”、击鼓报时、诵经、演奏宗教音乐、打坐等活动。

开发宗教饮食旅游。宗教饮食独具特色，例如梨花坞佛教饮食，其原料以蔬菜、豆腐、菌类及米、面为主，简单的原料却能做出丰美的佳肴，吸引了四方香客慕名而去吃素食斋席。

（三）保护生态环境，形成宗教生态观的可持续发展原则

寺庙旅游的开发必须坚持“可持续发展”的原则，应符合宗教寺庙自身发展的规律，绝不能因为开发而造成对宗教寺庙的破坏。在开发过程中，要坚持“边开发、边保护”的原则，要以宗教生态观为基础，对寺庙旅游开发者、经营管理者、旅游者等人群积极传播正确的宗教生态伦理道德理念，形成可持续发展的理念，从而达到人—社会—自然生态系统的和谐统一，实现寺

---

① 李如跃、刘广锐：《用可持续发展观看宗教旅游的发展》，载《时代金融》2006年第6期，第103页。

庙生态旅游的健康发展。①

加强相关法律、法规的制定，采取适当手段，从管理层面加强对文物古迹的保护，从宏观角度统筹管理、规划宗教寺庙的开发、维护与修复。寺庙是寺庙旅游得以产生和发展的根本，为了让游客从寺庙建筑中领略寺庙的神秘性和文化性，一定要注意寺庙本来面貌的保护，让游客看到真实寺庙的样子。不要大面积的维修改造，切忌不顾宗教历史修葺一新，只要解决可进入性、可游览性和适当地进行一些修复即可，保留其宗教原生态面貌。

寺庙旅游已经成为当前一种市场前景良好的，既有广泛群众基础又有深厚文化内涵的专项文化旅游产品。寺庙文化旅游资源有其独特性，它生命周期较长，不易衰落，对拓展旅游市场、吸引海内外游客、发展保山旅游业，都具有极为重要的现实意义，是值得我们大力发展的旅游产业。

---

① 马文银：《生态旅游的负面效应及对策研究》，载《生态经济》2003 年第 10 期，第 136 页。

文物保护与宗教文化的创新管理

——以云南保山坝区寺庙文化为例

摘　要：保山坝区是保山地区政治、经济、文化的中心，拥有众多的文化遗产，它们是发展文化产业的良好的既有资源。保护和开发保山坝区寺庙文化遗产，在思想意识上就应该处理好保护与开发、宗教与邪教、文物与旅游、局部与全局的关系。实施文化产业发展的综合性改革，在发展中解决问题，这应该是保山坝区寺庙文化遗产保护与开发的急迫任务。

关键词：保山坝区　寺庙文化遗产　保护　开发

文化遗产是一种宝贵的可以带来经济收益的资源。日益兴起的人文旅游主要是通过参观文化遗产，参与旅游目的地的文化事件与活动，领略人类历史与文化的魅力。因此，文化遗产与旅游具有无法割裂的紧密联系。① 保山地区是多民族杂居的民族风情园，具有吸引力鲜明的少数民族风土民俗，特别是昌宁苗族服饰更是成为第一批国家级非物质文化遗产。作为具有“中国玉佛之乡”美誉的边疆地区，流光溢彩、美轮美奂的玉佛反映了边地各种文化交流的情况，特别是汉传和南传上座部佛教的领地争锋，是全国各地比较少见的一种特殊的宗教文化现象。发挥这种

---

① 徐嵩龄、张晓明、章建刚：《文化遗产的保护与经营——中国实践与理论进展》，社会科学文献出版社2003年，第406页。

寺庙文化遗产的资源优势，以极少的资金投入就能够获得旅游收入，这应该是保山市文化产业发展的一个新的经济增长点。

保山坝区是保山地区政治、经济、文化的中心，拥有众多的文化遗产，它们是发展文化产业的良好的既有资源。特别是保山禅林的寺庙文化遗产，如玉佛寺、卧佛寺、梨花坞、卧牛寺、金鸡寺、顺龙寺等，都非常具有特色。有的还拥有中国最大的玉佛和卧佛，有些寺庙文化遗产还保护得比较完整，具有特定的旅游价值。充分保护和利用好这些寺庙文化遗产，无疑会为保山地区的经济发展带来新的动力。

寺庙文化遗产的保护与开发是一个很复杂的问题，它涉及宗教管理、文化遗产保护、文化旅游等诸多方面的内容。因此，保护和开发保山坝区寺庙文化遗产，在思想意识上就应该处理好这样一些关系：

第一，保护与开发的关系。实际上，这个问题在《中华人民共和国文物保护法》中早就已经明确了，即“保护为主、抢救第一、合理利用、加强管理”的方针。目前，保山坝区的寺庙文化遗产管理体现出来的倾向就是保护为主，既不实施抢救，也不加强管理，更不用说合理利用。在某些主管领导看来，开发寺庙文化遗产，就一定会破坏寺庙里面的文物；保护文物，就不能利用文物来盈利。所以，即便是有些寺庙自己采取保护与抢救性措施，宗教管理主管部门也不创造条件予以支持，宁愿让寺庙的生存与发展处于合法管理的视野之外。陕西旅游集团公司总经理张小可的主张就值得我们借鉴，他认为：“我们承认并且尊重文物事业的特殊性，但反对传统体制下把文物藏起来、盖起来、掖起来的‘保守’做法，主张在有效保护的前提下合理开发与利用文物资源，发展文物旅游业。”①

第二，宗教与邪教的关系。由于国外邪教已经深入保山地区发展信徒，影响边疆地区的社会稳定和国家安全。出于警惕心理，某些宗教主管领导不愿再开放新的寺庙，使那些已经具有合法条件进行宗教活动的寺庙难以取得合法的宗教活动场所资格。因为他们认为，开放了新的宗教活动场所，国外的邪教就会利用宗教的形式开展邪教活动，就会利用这些宗教活动场所。我们认为，宗教绝对不是邪教。因此，宗教管理要正确区分合法的宗教与邪教，不能因为存在邪教就一棍子将所有宗教活动都“打死”，甚至将正常的宗教活动场所也排斥在正常的宗教管理之外，而是应该加强宗教活动场所管理，将所有宗教活动场所（无论是否获得合法的宗教活动场所资格）都纳入政府管理的视野之中，积极利用合法的宗教占领信仰阵地，让邪教无可乘之机。特别是要开展宗教教职人员的管理、培训，强化僧众教职人员的爱国意识，增强他们自主抵制邪教的免疫能力。

第三，文物与旅游的关系。由于宗教与文化紧密相连，宗教文化是当地文化最鲜明的载体，宗教场所是传统文化的集中传承场所，所以，寺庙里面一般都保存有当地最有价值的文化遗产。例如，位于保山坝区西北部的卧佛寺就有卧佛的传说、中国最大的玉卧佛和周总理与国外友人视察的历史等文化遗产。这些文化遗产对于旅游者来说是最具有吸引力的，能够让他们获得各种心灵与精神的愉悦。因此，作为文化旅游业发展的基础，旅游业的发展离不开文化遗产。文物保护和文物事业的发展同样也离不开旅游。这是因为，文物保护的资金需要旅游来支撑，文物的承载主体如寺庙的生存与发展也需要旅游来提供经济来源。作为保山

① 徐嵩龄、张晓明、章建刚：《文化遗产的保护与经营——中国实践与理论进展》，社会科学文献出版社2003年，第397页。

坝区最大最有特色的文化资源，寺庙文化遗产应该得到合理的利用与开发，在保护好文物的同时也可以让它们为文化旅游业服务。

第四，局部与全局的关系。宗教管理部门控制着寺庙文化遗产的开放权。宗教活动场所如果不被赋予合法的资格，寺庙文化遗产就无法获得进入旅游市场的资格，寺庙文化旅游业就没有发展的基础。出于维护社会稳定和国家安全的考虑，某些宗教主管工作人员拒绝开放更多有旅游价值的寺庙的做法是无可厚非的，但是，加强宗教管理安全只是发展当地经济的一个局部性问题，而促进当地经济发展才是全局性的问题。局部服从全局，宗教管理要服从经济发展的需要。由于宗教管理部门控制着寺庙文化遗产的开放权，也即控制着文化旅游资源的基础，如果拒绝开放宗教活动场所，那么也就是拒绝发展文化旅游业，这势必会影响保山的经济发展，而作为“当今世界经济中最具活力的朝阳产业和第一大产业”,[①] 文化旅游业应该是推动保山地方经济发展最有力的原动力。所以，从发展保山地方经济这个全局来看，宗教管理部门不应该拒绝开放有旅游价值的寺庙，而是应该改善宗教管理，在维护社会稳定和国家安全的前提下主动、积极地服务文化旅游业，采取有效的管理措施共同促进保山地方经济的发展。

目前，保山坝区寺庙文化遗产的保护和开发还处于错位状态，有些主管工作人员的传统思想观念明显不适应现代快速的经济发展要求，并以民族宗教事务的敏感性等种种理由拒绝研究人员和外地文化产业人士进入保山坝区发展文化产业，消极被动的封闭性管理模式仍然占据着行政主管部门的管理阵地。控制文化遗产资源的管理工作人员只立足于本行业利益、局限于本职范围

---

① 徐嵩龄、张晓明、章建刚:《文化遗产的保护与经营——中国实践与理论进展》，社会科学文献出版社 2003 年，第 397 页。

的狭隘视野是目前保山坝区文化遗产保护与开发的关键制约因素，成为发展文化产业的主要瓶颈。因此，实施文化产业发展的综合性改革，在发展中解决问题，这应该是保山坝区寺庙文化遗产保护与开发的急迫任务。

第一，明确产权关系，规定文化遗产保护责任人。保山寺庙文化遗产的法律地位一直以来就没有明确，在相关的政府文件中也未看到具体的政策规定。《保山市第二批市级文物保护单位名录》上就只说明了文物保护单位的名称、时代、位置、现用单位和保护范围，但是没有明确遗产保护的责任人。关于寺庙文化遗产的管理，我们认为最关键的是政府主管部门应该明确寺庙活动场所与文物的所有权、保护权和管理监督权。国家相关文件规定，寺庙活动场所及其文物由宗教团体或宗教组织管理使用，寺庙的性质“均应属于公共财产，其产权归宗教团体市佛教协会与市道教协会所有，僧尼道士一般有使用权，但均无权出卖、抵押或互相赠送”。① 以作为宗教活动场所的河村顺龙寺为例，根据这些规定，顺龙寺的所有权属于市佛教协会，使用权与保护权属于住寺僧众，管理监督权属于宗教主管部门。从文物的角度来看，顺龙寺的文物所有权属于国家，文物的使用权与保护权属于住寺僧众，文物的管理监督权属于文物或文化主管部门。产权明晰，责任才能落实到位。寺庙文化遗产的保护责任人应该是住寺僧众，主管部门应该以文件的形式予以公布和规定，明确其责任与义务。

第二，改变以文物为主的传统保护模式，建构以责任人为主的文物保护管理机制。从《保山市第二批市级文物保护单位名录》和《保山市人民政府关于公布第一批市级文物保护单位的

---

① 徐玉成：《宗教政策法律知识答问》，中国社会科学出版社1997年，第121页。

决定》来看，我们的文物保护仍然是一种以文物为主的传统保护模式，这种只见物不见人的文物保护模式存在的弊端是显而易见的，其结果就是让寺庙文化遗产自生自灭，如光尊寺、顺龙寺、腾越会馆等的破败就是最好的证明。要保护和开发好寺庙文化遗产，就应该创新文物保护管理机制，建构以责任人为主导的适应文化产业发展新形势的保护模式。具体来说，首先应该建立文物保护责任人制度。根据寺庙产权的法律规定，主管部门应该以政府文件形式公布并规定文物保护责任人。责任人如果失去保护能力或者逝世，主管部门应该及时予以调整，从寺庙里选择教职人员来替补；当没有适当教职人员的时候，可以聘请有责任心的当地居士来承担，或者是聘请当地文化部门的工作人员来担任。其次，建立文物保护奖励制度。对于在文物保护上作出突出贡献的责任人，应该给予一定的物质或精神奖励，激发他们的责任心和保护积极性。再次，建立年度检查评估制度。文物主管部门应该组织年度检查评估，掌握文物的存在状态和保护进展情况，既可以作为奖励保护责任人的考评依据，又便于采取相关的保护措施及时进行抢救性保护。最后，还要强化文物保护培训。寺庙内的教职人员文化水平一般都较低，对文化保护缺少相关的知识。主管部门应该分批组织培训，强化他们的责任心和保护意识，教给他们一些实用的保护方法，促进文物保护的日常有效性。

第三，解放思想，向主动参与管理模式转型。由于控制文化资源的宗教管理部门存在视野狭隘、保守落后的思想观念，其消极被动的封闭性管理模式极大地制约了寺庙文化遗产的科学研究、招商引资、企业合作等，因而这些主管部门的工作人员必须解放思想、转变观念，应该实现由消极被动管理向主动参与管理的转型。当存在问题时，不是消极地防止再发生，而是应该采取积极有效的措施，通过主动参与的管理活动避免问题的再发生。

宗教主管部门也应该树立文化资源是文化产业发展的基础的意识，科学理顺它们之间的关系，不因自己的管理而制约文化旅游业的发展。宗教主管部门不能因为宗教事务的政治性极强就拒绝文化研究和产业人士进入该领域，而是应该和这些文化研究及产业人士展开合作，创新管理模式，探索适应双方要求的管理措施，协助他们共同发展文化产业。

第四，合理利用寺庙文化遗产，挖掘文物的潜在经济价值。文物主管部门应该从经济发展的角度审视文物的旅游价值，发挥指导管理作用，引导寺庙走上文物与旅游相得益彰的发展之路。寺庙需要生存，文物需要保护，这些都离不开经济来源。从目前保山的现实来看，政府不可能拿出大笔的资金来保护文物，也不可能对寺庙的僧众给予行政拨款，寺庙必须自力更生。在这一点上，河村顺龙寺就是一个榜样。尽管顺龙寺还没有取得宗教活动场所的合法资格，但是他们并没有因此而放弃保护文化遗产的职责，而是通过香客捐赠与集资，重修历史建筑、劝退占据寺庙的无关人员、保护顺龙寺的完整性、恢复文化遗产的旅游价值，为合理利用寺庙文化遗产打下坚实的基础。文物主管部门也应该向顺龙寺、卧牛寺等寺庙学习，发挥政府部门的管理资源优势，树立经济意识、开拓旅游市场、挖掘文物的潜在经济价值，既为保护文物筹措资金，又发展了旅游经济，还能改善寺庙僧众的生活条件。

保山坝区拥有众多丰富的寺庙文化遗产，这是发展文化产业极具优势的文化资源基础。如果我们能够改变传统的宗教管理观念和文物保护模式，立足于经济发展，全面实施综合性改革，建构适应当代发展潮流的新机制，保山坝区就一定能够在保山文化产业发展中树立良好的形象，为保山的文化旅游树立起第一门户形象，提升保山文化产业的综合水平，促进保山城区经济文化的发展！

保山市文化遗产保护与文化产业发展的突破口

摘　要：保山市是历史文化名城，蒲缥人遗址、塘子沟文化、哀牢文化、光尊寺古建筑群等，文化遗产数不胜数。保护文化遗产关键在于革新保护文化遗产的观念。培育产业实体有两种方法：一种是招商引资，一种是自力更生。保山市保护文化遗产与发展文化产业应该坚持以自力更生为主，大力招商引资。立足于城区及保山坝旅游景点的开发和建设，坚持自力更生与招商引资相结合的原则培育产业实体，加快落实文化产业规划的步伐，这是保山市保护文化遗产与发展文化产业的突破口。

关键词：保山市　文化遗产保护　文化产业发展　产业实体　突破口

2008年6月9日是文化遗产日。2005年7月19日，国家文物局前顾问谢辰生，联名舒乙、吴良镛等11名学者致信中共中央总书记胡锦涛，建议设立文化遗产日。2006年2月，国务院总理温家宝主持召开国务院常务会议，决定以国务院的名义下发《关于加强文化遗产保护工作的通知》，要求进一步加强文化遗产保护，决定从2006年起，每年6月的第二个星期六为我国的“文化遗产日”。“文化遗产日”的设立标志着文化产业的发展走向科学理性的道路。

保山市是历史文化名城，蒲缥人遗址、塘子沟文化、哀牢文化、光尊寺古建筑群等，文化遗产数不胜数。如何保护好保山市的这些文化遗产，继承和发扬保山民族优秀文化传统，增强保山人民的自信心和凝聚力，促进保山市的精神文明建设，提升保山市文化产业发展的速度，这是摆在当前保山市各级政府的迫切任务。文化部部长孙家正就指出，为公民提供公共文化服务是政府义不容辞的责任。保护好文化遗产，也是政府的重要责任。

保护文化遗产，关键在于革新文化遗产的保护观念。调查发现，目前保山市对文化遗产的保护措施基本上就是建立保护标志碑，然后让它们自生自灭。可以说，我们保山市在对文化遗产的保护上还没有承担起应有的责任和义务，还缺乏文化遗产的可持续发展观念，也没有文化遗产的经济价值观念。国家文物局局长单霁翔在第二届文化遗产保护与可持续发展国际会议上所作的《城市化发展与文化遗产保护》主题发言认为，文化遗产不是城市发展的包袱，而是城市发展的资本和动力。这就说明，我们保山的众多文化遗产完全可以成为保山文化产业发展的基础。创新文化遗产保护观念，就是应该树立文化遗产的可持续发展观念，正确处理好保护与开发的关系，做到保护与开发的共存共赢。保山市市长段跃庆在高黎贡山调研时就指出，各级有关部门要抓紧时间做好高黎贡山的旅游开发工作，做到保护中开发，开发中保护，走可持续发展道路，将高黎贡山打造成优秀的自然保护区和国家级的精品旅游景点。

实际上，保山市也格外重视文化遗产的价值，有关保护文化遗产的宏观战略方针早已拟定，即充分利用和开发文化遗产资源，将文化与旅游结合起来，走文化产业的可持续发展之路。《中共保山市委、保山市人民政府关于深化文化体制改革加快文化产业发展的意见》就指出，我市历史悠久，文化底蕴丰富，文化资源和市场竞争能力都具有明显的比较优势。因此，深化文化体制改革，加快文化产业发展，努力繁荣文化事业，既是实践“三个代表”重要思想的客观要求，也是实现“三贴近”的有效着力点；既是促进我市文化自身发展的重要举措，也是调整我市经济结构，培育新的经济增长点，实现经济、社会协调发展的重要举措。这对保山的发展不仅具有重要的现实意义，而且具有深远的历史意义。通过这个“文化大走廊”的建设，增加保山的文化内涵，打造保山文化旅游新品牌，真正改变保山的对外形象。

建立在文化遗产基础之上的保山市文化产业发展蓝图已经绘就，下一步就是在保山大地上将这幅蓝图展开，呈现在保山人民乃至全省、全国人民的眼前。腾冲在文化产业的发展上已经走在全市的前列，已经具有一定知名度的文化旅游品牌。其他各区县尽管也在艰难创业，但是还缺少在全省叫得响的文化产品。特别是隆阳区，作为保山市的行政、文化、经济中心，其文化产业的知名度似乎还难以与其实际地位相称。因此，怎样发展保山市的文化产业，打造文化旅游品牌，怎样使保山文化遗产走上可持续保护的道路，这是隆阳区目前需要考虑的关键问题。保山市旅游开发股份公司启动光尊寺古建筑群修缮项目，可以说是对隆阳区文化遗产开发的一个良好开端。

保山市文化产业难以在全省范围内产生品牌效应，其主要原因是缺乏文化旅游品牌。作为保山市的第一门户，外地游客来保山的第一站就是保山市城区。可是，保山市城区却没有一个叫得响的文化品牌，给游客的第一印象就大打折扣。游客需要再去腾冲才能满足自己的愿望，这也与游客对保山市的旅游审美期待相违背，进而会削弱保山市文化产业可持续发展的经济来源。因此，保山市文化产业应该精心打造城区文化旅游品牌，开发城区名胜景点，留给游客良好的第一印象！

保护文化遗产，政府的责任当然是主要的，但是更关键的是应该明确文化遗产保护单位的责任人。这是因为有关文化遗产的政府主管部门无法深入基层和文化遗产所在地，他们考虑更多的是文化遗产宏观层面的行政保护，这是一种与市场经济规律相左的非持续性保护。结合文化遗产的特点和实际状况来考虑文化遗产的保护和文化产业的发展，显然不是政府主管部门的长处，而是文化产业实体的功能。保山市委和市政府已经完成了宏观战略的规划，现在落实规划就要靠具有市场地位和市场运作能力的产业实体。产业实体依靠文化遗产来生存，就能够在市场利润机制的推动下主动开发和经营文化遗产，实现文化遗产的经济价值。这种推动力和政府行政保护所产生的推动力不一样。政府的行政保护是一种脱离文化遗产市场保护规律的外部推动力，而文化产业实体则是一种建立在市场机制基础之上的内部推动力。因此，培育产业实体，让产业实体来保护和开发文化遗产，是实施文化遗产可持续保护的必然规律。

培育产业实体有两种方法：一种是招商引资，一种是自力更生。保山市保护文化遗产与发展文化产业应该坚持以自力更生为主，大力招商引资。完全自力更生，将会因资金不足，难以实现跨越式快速发展。完全依靠招商引资，也会白白浪费等待的时间，贻误战机。在自力更生的基础上招商引资，这是培育产业实体应该坚持的原则。这是因为自力更生的预先发展具有这样两个作用：一是可以搭建发展平台，为招商引资奠定基础；二是可以积累发展经验，在没有外资进入的情况下仍然能够实现自主发展。

保山市文化遗产保护和文化产业发展已经具备了可持续发展的宏观战略基础，可以走出战略建构阶段了。现在努力的方向就是立足于城区及保山坝旅游景点的开发和建设，坚持自力更生与招商引资相结合的原则培育产业实体，加快落实文化产业规划的步伐。这是保山市保护文化遗产与发展文化产业的突破口。

保山市文化产业发展战略分析

摘　要：保山市地处云南西部边地，经济相对落后，是一个多民族聚居区，也是一个典型的农业城市。但是，保山市有着深厚的历史文化积淀，凭借地缘优势与周边国家长期进行经济贸易、文化交流、人口迁移等交往，已形成一个多元文化的聚合体。保山市文化产业的发展应定位于发展文化旅游型、休闲娱乐型及商贸节庆型为主的文化产业，变文化资源优势为文化产业优势，以文化驱动保山经济新的增长。

关键词：保山市　文化资源　文化产业　休闲娱乐　商贸节庆

“文化是城市的灵魂，是城市的魅力；文化建设最终决定城市的历史地位，城市以文化论输赢。”① 这是对文化认识的历史性突破。发展保山文化产业对保山的城市建设和创建“生态健康旅游城市”，促进其他相关产业的发展，解决城市就业和增加农民收入具有十分重大的意义。

一、文化资源结构与文化旅游产业

文化是人们适应其生境的共享的理想、价值和行为准则，因此，对文化的保护应注重对文化的调适。任何文化都不可能实行

① 蔡文学：《发展东莞的文化旅游产业》，载《中国旅游报》2003 年 4 月 16 日。

冻结式的保存，如同文物保存在博物馆中一样将文化冻结式保护起来。这种文化必然脱离人们的生产生活，成为一种僵化的文化形态。同时，文化的传承和保护也需要经济条件。如果人们因恪守自己的传统文化而过着贫困的生活，这一传统文化的保存也是无基础的。综观各国的发展，以文化旅游为特色的旅游产业已成为新的经济增长点。文化旅游对经济开发的介入，在很大程度上把其地区的声望提高到世界各地都知道的地步，因此，合理开发、利用传统文化资源，发展文化旅游产业，既对传统文化的传承奠定了物质基础，又有利于文化旅游业的发展，对当地经济发展有巨大的推动作用。

保山文化是中华民族文化的组成部分，具有十分丰厚的历史文化资源。保山文化地域特色鲜明，内涵十分丰富，可分为八大系列：（1）哀牢文化；（2）永昌文化；（3）腾越文化；（4）翡翠文化；（5）滇西抗战文化；（6）侨乡文化；（7）民族民间文化；（8）兰花文化。[①] 保山所拥有的独特的文化旅游资源是最有魅力的财富。文化旅游是特色产业、特色经济，是大市场。发展文化产业重要的是更好地对之进行文化的阐释与包装，使旅游与文化紧密地配合，找到两者的最佳契合点，以求得旅游产业与文化的互利双赢。

保山文化旅游应凭借多元的民族文化、厚重的历史积淀、得天独厚的自然资源、浓厚的民族风情，通过大力推进文化体制改革，不断创新文化管理体制、创新投资机制、优化创业环境，实现旅游产业与文化产业发展的紧密结合。同时，高度重视文化资源和生态环境的保护，促进文化产业的可持续发展。以提升哀牢故址、板桥和河图古镇、高黎贡山等著名景区、景点的文化内

---

① 鲁兴勇：《加强文化理论研究　促进保山文化发展》，保山市人民政府网，2006 年 12 月 26 日。

涵，并打造探寻古丝绸之路、云岩卧佛、梨花坞观音、生态高黎贡山、热带风情潞江、三馆广场等一批文化旅游精品，以形成在国内外市场富有竞争力的文化品牌和旅游品牌。文化是旅游的灵魂，旅游是文化的载体。立足保山市情，充分利用保山历史底蕴深厚、文化资源丰富的比较优势，变文化资源优势为文化产业优势，以文化驱动旅游经济更好、更快地发展。

第一，以历史文化遗址促进文化旅游产业的发展。一是新建哀牢王宫。东汉时期形成的哀牢文化对西南边疆的影响极其深远。挖掘整理哀牢文化，通过文化产业形式新建哀牢王宫，建成大观庙、金井、玉泉、御花园、东海等旅游景点。二是开发诸葛营、汉庄城等古城遗址。汉庄城是云南境内现存的唯一一座规模最大、文化包含物最丰富且保存最完好的汉代古城遗址。[①] 以文化产业形式开发经营历史文化遗址，既可以促进保山市经济发展，又可提升保山市城市影响力，还可凸显文化产业的经济效益、社会效益和政治效益。

第二，修复历史名人故居促进文化旅游产业的发展。保山市有许多历史名人，如对云南历史文化贡献突出的明朝翰林院编修——杨慎；倾家散财、辛劳奔波、抗日救国旅缅华侨——梁金山；党的理论战线上的忠诚战士——艾思奇等。通过对历史名人的故居进行修复或建立纪念馆等形式来促进文化旅游产业的发展。

第三，以滇西抗战基地、史迪威公路为路线促进旅游文化产业的发展。爱国主义是保山市旅游文化的灵魂，也是文化旅游的龙头。文化跟着旅游走，旅游依靠文化来提升。滇西抗战不仅在中国抗日战争史上，而且在世界反法西斯战争史上都具有重大的

---

① 中共保山市委隆阳区委、保山市隆阳区人民政府：《保山隆阳大文化建设发展战略与规划研究成果汇编》，第 84 页。

历史意义。史迪威公路就是象征世界和平民主阵营齐力协心战胜日本法西斯的一座胜利丰碑。通过建立松山抗日战场遗址、重走滇缅公路等文化产业方式，我们既可实现文化产业的经济价值，还可以凸显文化产业的社会价值和政治价值。同时，这种文化旅游还能使人们对滇西抗战有一个更加全面的认识和了解。

第四，发展民族民间乡土为主的特色文化产业。当市场经济机制越来越深入地侵入到我们社会生活的每个角落的时候，民族乡土文化也慢慢卷入其中。特别是在经济文化一体化的推动下，民族乡土文化也将越来越体现出它潜在的经济价值和社会价值。[①] 保山既享有得天独厚的民族文化资源优势，又有来自国内外的旅游客源。将保山民族民间乡土文化进行市场化、产业化，肯定能取得巨大的经济效益和社会效益，如成功运作的腾冲和顺镇的民族民间文化产业，正在开发的腾冲荷花乡的火山石雕刻、腾冲固东镇刘家寨的皮影戏制作等。

保山市应该通过创新思想观念为文化发展提供有力的思想保证，通过创新体制、机制为文化发展奠定坚实基础，通过创新文化产品提升文化发展的竞争力，通过创新文化市场拓展文化发展的广阔平台，通过创新人才培养机制为文化发展提供强大的智力支撑。只有坚持不懈推进体制机制创新、艺术创新、运作方式创新，将文化发展与旅游业、科技进步、各族群众的增收致富和整个经济社会发展更加紧密地结合，我们才能在迈向全面小康社会的征程中昂首向前。[②]

保山市应该把文化资源优势转变为经济优势和产业优势，不

---

① 赵坷：《云南文化产业发展模式探析》，载《云南师范大学》2006 年，第 21 页。

② 王永刚：《文化云南魅力无限：云南民族文化大省建设回眸》，载《云南日报》2008 年 2 月 22 日。

断壮大文化的整体实力和竞争力，促进文化兴市向文化强市迈进。以发展文化产业为突破口，以繁荣历史文化为坚实基础，保山文化的影响力将与日俱增，显示出厚积薄发的发展态势；其文化产业也将会呈现百舸争流、千帆竞发的雄姿。

二、文化消费市场与休闲娱乐产业

文化消费需求是第一文化资源。文化消费资源可以促进形形色色的文化现象、文化生产、文化服务的产生，是文化产业赖以发展的基础性条件。① 因此，定位分析文化产业发展策略，不仅要参照文化消费资源，看看各文化产业及产品结构比例是不是与文化消费需求相适应，还要从文化产品的层次结构出发审视各文化产业及产品结构比例是不是与不同层次的文化消费需求相适应。

文化市场资源是各种文化资源和产品、服务的交汇地，是文化提供方和文化消费方的结合处。文化市场资源决定文化产业的兴衰。随着改革开放和市场经济的发展及人民生活水平和文化素质修养的提高，文化消费市场对文化的需求和文化层次的要求也不相同。

文化产业的发展主要依赖三种消费方式的推动。一是体验消费，主要是消费者通过亲身参与，感受外部环境对身心的作用，如各类旅游观光、生态观光、文化观光、主题娱乐以及各类演艺观赏活动都是典型的体验消费；二是内容消费，主要是消费各种以文化内容为主体的产品，如图书、报刊、CD、广播电影电视、动漫、网络游戏产品；三是符号消费，主要是消费各种注入了文

① 陆祖鹤：《文化产业发展方略》，社会科学文献出版社 2006 年，第 9 页。

化附加值的产品，如品牌消费以及与文化符号相关的版权消费。[①] 因此，保山市必须从自身资源与条件出发，寻求适合本市实际情况的文化资源开发市场。

保山市是一个经济相对落后的农业城市，地处云南省西部，西北、正南同缅甸交界，总体特征是集“贫困、山区、边疆、民族”为一体。保山市五区（县）中有三个县是国家级贫困县，山区面积占91.79%；有三十多个少数民族，其中有14种世居少数民族近20万人。保山市县域经济发展水平低，人民不富裕。2005年全市人均GDP为4 084元，而全国当年的平均GDP为10 561元；农民人均纯收入1 721元，仅为全国平均水平的58.62%；城市化水平低，城市化水平在8.21%～14.07%之间，且四个县在10%以下，远低于云南省的平均水平26.60%。[②]

从上述经济条件与消费市场分析，当前保山文化产业要发展娱乐型文化产业，同时，可兼顾发展知识型、智力型文化产业以满足文化消费市场的需求，促进经济文化一体化的可持续发展。

1. 发展以都市休闲娱乐方式为主的文化娱乐产业。发展寓教于乐的宣传展览、文娱休闲、园林绿化、游乐活动为一体的综合性文化娱乐产业。以公园、广场等为核心阵地，开设含博物馆、游乐场、影视场等文化娱乐活动在内的各种文化娱乐设施。这种文化产业方式既可以使人们在非常轻松的娱乐环境中有意无意地接受有关方面的知识——特别是家长们为其子女的成长愿意接受这种消费，还可以为保山市提供新的经济增长点。

2. 发展以乡村休闲娱乐方式为主的农家乐旅游文化产业。

---

① 中国社会科学院文化研究中心、云南大学国家文化产业研究中心：《发展具有民族特色的文化产业》，载《云南日报》2007年11月8日。

② 普映娟：《保山市县域经济发展水平评价研究》，载《保山师专学报》2007年第4期，第38页。

基于对保山的经济发展状况及客源市场分析，现阶段的保山市可发展农家乐文化旅游产业，为旅游者提供钓鱼、棋牌、农家饭以及让旅游者参观、选购鲜花和采摘新鲜的水果蔬菜等，让游客自娱自乐，形成“吃农家饭、品农家菜、住农家院、干农家活、娱农家品”的休闲娱乐文化旅游。

当前，文化消费已成为世界消费的一大热点。随着世界经济的发展，人均收入的提高，人们用于精神文化消费的支出会越来越多。这种消费已发展到足以影响世界产业结构排列次序的程度。美、日、英等发达的西方国家的文化产业已成为西方国家最大的产业。我国人们的消费结构开始发生变化，文化消费在人们的支出中会越来越增加。20 世纪 90 年代后我国经济高速增长，文化产业以20% 以上的速度快速发展。国内外文化消费市场的日益扩大，这为保山市文化产业的发展提供了机遇和挑战。

三、地缘交通优势与商贸节庆产业

保山市不仅是云南省第一大侨乡，也是全国著名的侨乡，而且是国家级边贸口岸和中国西部重要的国际大通道，同时还是中国面向南亚和西进中东的重要桥头堡。云南处于中华文化圈与印度文化圈、东南亚文化圈的交汇点上，而保山是多种文化的聚合点。保山的宗教文化形成了儒教、道教、佛教“三教合一”的鲜明特点。保山市的这种地缘优势为保山发展文化产业奠定了地缘文化的软实力。

保山市是中国通往南亚、东南亚陆路大通道的重要连接点和中缅印贸易的集散地，与缅甸山水相连，国境线长 167. 78 公里，从腾冲猴桥国家级口岸到缅甸密支那仅有 131 公里。[①] 作为中国近邻的印度，面积大，人口多，市场潜力大，自古以来就通过云

---

① 许秋芳：《在保山旅游推介会上的讲话》，保山旅游网，2007 年 6 月 21 日。

南与中国保持着良好的关系。在古代，“南方丝绸之路”和“茶马古道”把云南与印度紧密地联系在一起。在近代，“史迪威公路”、“驼峰航线”和“中印输油管道”又把中国云南与印度连接起来。

云南文化产业发展的载体除了旅游、茶、花等特殊经济作物等“实载体”外，还有一个得天独厚的重要载体——面向东盟的文化交流和文化贸易。特殊的地理位置使云南成为面向东南亚、南亚的重要通道，几千公里的边境线和文化的相似性、经济发展的互补性使文化交流、文化贸易成为云南文化产业发展的重要载体。东盟经济贸易区的形成，东南亚、南亚七国庞大的潜在消费市场以及印度和中国两个超级人口大国经济、文化的互补都为云南文化交流、文化贸易留下了巨大的发展空间。2004 年，中国与东盟的贸易额达 1 059 亿美元，东盟已成为中国第四大贸易伙伴。具体以云南为例，2004 年，云南与东盟各国的贸易额达 12.8 亿美元，占云南对外贸易总额的 34.1%，东盟已成为云南第一大贸易伙伴。①

第一，举办商贸旅游节，发展商贸文化产业。保山市应该办好每年一度的中国·保山南方丝绸古道商贸旅游节暨端阳花市，通过举行文化活动、旅游活动、商贸活动来宣传展示保山，宣传保山历史文化及民族民间文化，促进保山商贸经济文化产业的发展。

保山端阳花市已有 130 多年的历史，现已发展成为一年一度的、集贸易旅游文化活动为一体的节庆活动。在每年五月端午，保山人包粽子、逛花街、郊游远足、走亲访友，兰城商贾云集，热闹非凡。而同时举行的中国·保山南方丝绸古道商贸旅游节暨

---

① 李炎：《经济与文化互动发展云南文产》，载《云南经济日报》2007 年 3 月 6 日。

端阳花市突破了传统花街的形式，成了集节庆、旅游、文化、商贸为一体的大型盛会，它已经成为省内商贸旅游文化较有影响的品牌。2004年起至今，中国·保山南方丝绸古道商贸旅游节暨端阳花市已经成功举办了四届，取得了良好的社会和经济效益。

近年来，这个久负盛名的民间传统节日由昔日的民间赶花街发展为保山市政府组织协调、统一筹办的集花卉、药材、地方名特优产品展销、商品物资交流、经贸技术协作、科技知识咨询、文化体育活动于一体的大型综合博览会。它正以其独特的风貌和魅力吸引着异国他乡的宾客，对加强与南亚、东南亚的经贸和文化旅游交往，增强保山在全省对外开放、旅游商贸的战略地位，有着非常重要的历史意义和现实意义。

第二，发展以侨乡文化为核心的文化产业。保山市地处云南西部，腾冲与缅甸山水相连，部分少数民族相互跨境而居、往来密切。腾冲是西南“极边第一城”，著名重点侨乡有和顺、绮罗、洞山、小西等。保山自古以来就有沿着“西南古丝绸之路”和“盐茶骡马古道”的干线及其支线向境外移民的历史。现在保山籍在国外的华侨、华人有28.9万多，分布于29个国家和地区，其中有90%居住在缅甸和泰国，有归侨、侨眷102 760人，旅居海外的华侨、华人168 000人，港澳台同胞及眷属19 200人。①

保山侨乡文化是历史上形成的云南地域文化中的独特现象，它是中华传统文化、边地少数民族文化、西方文化的融合，体现了包容和开放的品质。在改革开放的当今时代，在中国与东南亚、南亚建立新型外交、经贸关系的背景下及云南民族文化大省建设成果喜人的形势下，关注保山侨乡文化对于充分认识保山侨乡地位，发挥保山的独特区位优势，充分利用和保护侨力资源，

① 佚名：《保山市情简介》，保山市政府网，2006年12月20日。

发展经济文化产业有积极的借鉴意义。[①]

华侨具有矢志不渝的爱国主义精神，具有拼搏、开拓的务实精神，具有善于学习外国先进技术的进取精神，具有崇尚商业文明的诚信精神，具有团结互助、重视文教的乐善好施精神。自近代以来，保山华侨为祖国、家乡建设的贡献不仅仅是巨大的物质财富，更是难以估量的精神财富。利用侨乡文化的精神内涵和保山市独特的侨乡文化优势，发展保山文化产业，对保山市社会经济发展将产生深远的影响。

第三，发展以珠宝、玉石加工业为主的文化产业。随着中国经济的快速发展，人民消费水平的不断提高，我国的珠宝、玉石已经成为继住房、汽车之后中国老百姓消费的第三大热点。近年来，中国珠宝、玉石销售量以年均 10% 的速度增长，已成为世界上几个珠宝、玉石首饰品消费额超过 100 亿美元的国家之一。由此可见，珠宝、玉石的消费群体是很庞大的，市场潜力是巨大的。

在中原玉文化进入云南前后，云南也创造着自己的珠宝文化。在 1 700 多年前的魏晋时，云南就已经开始加工各种珠宝饰物。云南的腾冲是重要的集散地，腾冲悠久繁荣的珠宝业造就了云南珠宝业的兴盛。自明朝到 20 世纪 40 年代初，腾冲几乎成了翡翠进入中国的唯一通道，交易量占世界的 90%。民国初年，腾冲从事玉雕的作坊有 100 多家，工匠 3 000 多，城乡有玉石加工户 2 000 多，仅荷花乡就有加工户近百家。从地缘上看，腾冲与盛产翡翠的缅甸北部密支那毗邻，边境线长 148 公里，与翡翠中心产地的勐拱、孟养和乌尤江流域距 200 余公里，且有中国西南丝绸古道横贯连通腾冲与密支那两地。多年来，翡翠贸易一直

① 高泽涛：《浅析云南侨乡文化成因、特征及建设》，载《云南侨乡文化研讨会文集》，侨联网，2007 年 11 月 1 日。

是这里的贸易主流。腾冲素有“琥珀牌坊玉石桥”、“翡翠城”的美誉。[①] 如今，腾冲人把文化注入翡翠，形成了更具魅力的“翡翠文化”。2005 年 8 月 25 日，亚洲珠宝联合会把“中国翡翠第一城”的殊荣授予了腾冲，“腾越翡翠”更是名声大振。[②] 随着翡翠文化品牌效应的提升，保山市应积极利用文化对经济的作用，形成文化经济型的贸易产业，带动当地加工、旅游、商业一体化文化产业的深度发展。

总之，保山市应该了解和把握保山市文化资源及产业的发展状况，把文化产业的发展纳入社会经济发展总体布局，加快制定文化产业政策、法规，加快文化产业管理体制改革和创新，制定文化产业中长期发展规划、年度计划以及阶段性工作目标，充分利用好资本市场，积极引进外资，培育文化产业的职业人才队伍，借助中国面向东盟、南亚文化交流、文化贸易的重要通道优势，大力发展文化产业，促进文化创新，不断提升文化产品和文化企业的竞争力，力争实现保山市文化产业健康快速的可持续发展。

---

① 吴锡贵：《着力发展云南珠宝玉石文化产业》，载《云南经济日报》2008 年 4 月 9 日。

② 鲁兴勇：《加强文化理论研究　促进保山文化发展》，保山市人民政府网，2006 年 12 月 26 日。

保山市文化产业可持续发展的瓶颈及其对策[1]

摘　要：如何继续推进保山市文化产业的可持续发展，找到其突破口，打破目前文化产业发展的僵局，这是我们保山市各界人士都在关注的课题。以文化产业体系理论审视保山市文化产业发展的现状，理清文化产业发展倾向，探寻其发展的制约因素，建构促进保山市文化产业可持续发展的对策，这就是我们这个研究课题的目标和任务。

关键词：保山市文化产业　可持续发展　发展倾向　制约因素　对策

保山市文化产业的发展已经处于不进则退的境地。如何继续推进保山市文化产业的可持续发展，找到其突破口，打破目前文化产业发展的僵局，这是我们保山市各界人士都在关注的课题。借助文化产业理论，从理性高度来审视文化产业的可持续发展，制定符合保山市文化产业实际的可行性对策，这就是我们这个研究课题的目标和任务。

一、产业体系视野下的保山文化产业

“就其经济过程的性质而言，文化产业可以被定义为‘按

---

① 本文为首届保山市哲学社会科学研究基金课题“保山市文化产业可持续发展的瓶颈及其对策”研究的结题报告。

照工业标准生产、再生产、储存以及分配文化产品和服务的一系列活动’。根据以上文化产业的一般概念，同时考虑统计核算的简便性和可操作性，从文化产业的生产、流通、服务三个环节来构造文化产业的行业结构。文化产业包括下列具体行业：一是文化产品制造业，包括书报刊印刷业、记录媒介的复制、文化用品制造业、体育用品制造业、乐器及其他文娱用品制造业、玩具制造业、游艺器材制造业、其他文教体育用品制造业、工艺美术品制造业；二是文化产品批发零售贸易业，包括文化用品批发业、工艺美术品批发业、图书报刊批发业、文化体育用品零售业、图书报刊零售业、首饰零售业；三是文化服务业，包括园林绿化业、风景名胜区管理业、摄影及扩印业、旅游业、娱乐服务业、广告业、咨询服务业、计算机应用服务业、体育、教育、文化艺术业、广播电影电视业、社会科学研究。”① 由此可见，文化产业是一个庞大的产业体系，涵盖的范围极广。由于这一分类在操作运用方面还是不太方便，因此，产业统计上又将文化产业精简为九大行业，它们是文化产品制造业、文化用品批发零售业、文化社会服务业、新闻出版业、广播电影电视业、文化艺术业等。②

当然，有些产业除了可以纳入文化产业之外，还可以纳入别的产业，如商业、工业等。而且，从文化产业的角度来看，并不是所有这些产业都处于相同的地位，只有一些产业最能够体现文化产业的特点，即把文化作为产业的核心资源，如广播影视业、新闻出版业、文娱演艺业、民族民间工艺业等。云南省把广播影

① 张晓明、胡惠林、章建刚：《2004年：中国文化产业发展报告》，社会科学文献出版社2004年，第328页。

② 张晓明、胡惠林、章建刚：《2004年：中国文化产业发展报告》，社会科学文献出版社2004年，第314页。

视业、新闻出版业、文娱演艺业、体育服务业、乡村文化业这五大主导产业作为文化产业的发展重点，力求创造出云南文化产业的特色。[①] 的确，这几年的云南文化产业实践也已经证明，发展文化产业不能够面面俱到，而是要针对本地的实际情况，有重点地发展一些优势产业。只有这样，文化产业才能够得到快速的发展。

保山文化产业并没有形成产业体系，在文化产业的九大行业中没有一个产业对社会经济发展产生比较明显的贡献。据保山市文化主管领导的讲话公布的数字显示，[②] 2004 年末统计全市持证经营的文化经营单位共 1 636 个，比 2003 年增长 21.3%，经营收入 11 613.25 万元，上缴税收 744.23 万元。其中：印刷企业 20 个，经营收入 2 203.91 万元，上缴税收 42.18 万元；三小印经营单位 253 个，经营收入 1 039.75 万元，上缴税收 104.54 万元；出版物批发、零售、出租经营单位 127 个，上缴税收 151.21 万元；连续性内部资料出版单位 4 个，网吧 120 个，经营收入 808.92 万元，上缴税收 135.56 万元；音像制品零售、出租、放映单位 507 个，经营收入 949.09 万元，上缴税收 95.32 万元；娱乐场所经营单位 512 个，经营收入 2 549.44 万元，上缴税收 201.54 万元；营业性演出团体 2 个，从业人员 42 人，经营收入 14.4 万元，上缴税收 1.2 万元；其他文化经营单位 91 个，经营收入 214.64 万元，上缴税收 12.68 万元。这是因为保山经济比较落后，其文化消费市场相对狭小，以内向需求为特点的文化产品制造业、文化产品批发零售贸易业、会展业等文化产

① 范建华等编：《云南发展文化产业十题》，内部资料，2003 年，第 71 页。

② 赵家华：《深化改革，加快发展，不断提高建设“文化新保山”的能力——在 2005 年全市文化、新闻出版工作会上的讲话》，保山市文化产业网，2005 年 4 月 7 日。

业没有兴盛的客观基础。上述数据表明，保山文化产业还处于初级探索发展阶段，其发展模式还没有成型，其产业特色还不明显，其产业地位也很薄弱，在保山经济发展中还没有取得应有的地位。

二、保山市文化产业的发展特点

保山市的文化产业目前还只是雏形，还处于打基础的阶段，还远远没有产生实际的效益。在这一阶段，保山市文化产业体现了这样几个特点：

第一，文化产业规划已经完成，初步实现宏观管理战略建设。《中共保山市委、保山市人民政府关于深化文化体制改革加快文化产业发展的意见》就确定了文化产业发展的主要任务，要重点建设好"一个文化大走廊"、"八个文化旅游园（区）"，抓好"四大文化旅游节庆活动"，把保山文化旅游业做大、做强。在具体文化产业项目建设上，《意见》提出，市、区协调一致，把保山城及保山坝周围丰富的文化旅游资源进行整体策划和统一规范，分期分批进行建设，最终建成一个包括永昌文化产业示范园、梨花香雪胜境（梨花坞）、碧水红花易罗池、哀牢文化广场、太保公园、五里亭文化广场、龙王塘公园、元光寺、云崖卧佛、西庄寺、北庙湖、板桥青龙街、光尊寺、金鸡古镇、宝鼎观日、大观庙哀牢胜境、诸葛营古城等环保山坝众多文化设施和文化旅游景区、景点在内的气势恢弘、独具魅力的"保山环坝文化大走廊"。

第二，外向需求型文化产业已经显示了经济效益。根据文化产业面向的消费地域市场，我们把文化产业分为两类：一类是面向本地区消费市场的内向需求型，另一类是面向外地消费市场的外向需求型。近几年，"腾冲现象"在全省格外突出，腾冲文化旅游业发展迅速，腾冲旅游持续升温，成为云南省继丽江、香格里拉等地区之后的又一新旅游亮点。旅游产业发展的规模持续扩大，目前全县已拥有国家4A级景区2个、3A级景区1个、2A级景区2个，各类旅行社12家，导游274名，星级以上宾馆21家，住宿床位1万多张，特色旅游商品生产企业10家。2006年接待游客244.9万人次，实现旅游总收入9.06亿元，分别增加10.2%和12.5%。文化产业实现增加值2.97亿元，占全县生产总值的8.5%，实现了“十一五”旅游文化产业发展的良好开局。省政府滇西边境旅游现场办公会和第七届腾冲火山热海文化旅游节的成功举办，腾冲对外影响力进一步加强。腾冲获得了“中国优秀旅游名县”及“一生要去的66个全国旅游大县”的荣誉，和顺古镇还被评为“全国环境优美乡镇”，腾冲已经成为在海内外享有较高知名度的旅游热点和令人向往的旅游目的地。最明显的变化是客源市场发生根本性改变：省外游客比例占到了游客总量的54%，达到132.05万人次；团队游客量占52%，达到127.35万人次。①

第三，生态健康旅游品牌策划逐渐赢得好评。从自然景观资源来讲，保山有四大资源值得称道：温泉、火山、高黎贡山、良好的气候条件。保山温泉是一大特点，全市有各种温泉170余处，其中以腾冲火山热海最为著名，是开展温泉康疗的胜地。分布在腾冲境内的90余座火山锥、柱状节理、火山熔岩堰塞湖形成的湿地等适宜开展户外运动，进行科学考察。高黎贡山丰富的森林资源、物种资源、独特的地质地貌为保山提供了“天然氧吧”，吸引了国内外游客，是保山旅游的一张重要名片。保山气候温和，年均温度15℃，冬无严寒，夏无酷暑，一年四季都可以开展旅游活动。明代徐霞客曾盛赞保山是“武陵桃源、王官

① 王彩春：《认清形势，善谋实干，努力开创我县旅游文化业发展的新局面》，腾冲文化产业网，2007年2月9日。

盘谷，皆所不及，此当为入滇第一胜”。保山拥有得天独厚的旅游资源，是开展健康旅游最理想的地区之一。省长秦光荣提出应该“叫响健康旅游”，给保山市旅游品牌的评价是“打出健康旅游的品牌有利于找准定位，统一发展思路，统筹保山旅游资源，打造旅游精品，丰富旅游内涵，提升旅游品质，推动旅游产业发展，促进经济社会全面进步”。①

第四，文化产业项目落实举步维艰。目前，保山市还处于文化产业的发展初期，在文化产业上取得的成果主要体现为宏观管理战略与文化产业发展规划建构上。保山市文化产业从整体上来看还未出现较为成功的具有普遍意义的市场运作案例。宏观管理战略与文化产业发展建构可以借助外地人才进行，个别文化项目也可以引进外地企业来经营，但是众多的文化项目需要有人来运作，众多的文化资源需要有人来开发，众多的文化企业需要有人来科学经营，外借人才难以跟上这个发展速度。所以，目前，保山市开发设计的文化项目多，真正落实执行的却比较少，项目设计转变成为产业现实受到了极大的制约。由于缺少经营管理型人才和适应市场要求的文化产业实体，文化产业在微观层面的发展上很难落实。

第五，产业发展进度不平衡，布局重点失衡。保山市的一区四县在文化产业的发展速度上不一致，发展速度最快的是腾冲县，腾冲旅游不仅在全省有巨大的影响力，就是在全国范围来说也是一个比较知名的品牌。隆阳区、昌宁、龙陵、施甸四区（县）在发展速度上则显然落后了许多，文化产业还未显现经济效益和竞争实力。特别是隆阳区，作为保山市的政治、经济、文化中心，它具有最为悠久的历史文化和生态资源优势。其哀牢文化更是具有影响力和历史底蕴的文化资源，它应该成为保山市文

① 秦光荣：《叫响健康旅游》，腾冲电子政务门户网站，2005年11月10日。

化产业的尖兵，但是现在它却明显落后于腾冲，其贡献远远不及腾冲对保山的大。这种发展进度的不平衡和产业布局重点上的失衡使得保山市文化产业的发展受到牵引力性质的制约，使保山市的整体文化产业形象难以获得市场认可。

三、保山市文化产业的发展倾向

保山市文化产业尽管还处于发展初期，但是文化产业的基础建设已经基本完成，一些与保山市文化资源优势结合得比较紧密的优势文化产业开始显现。其中，民族民间工艺业、生态文化旅游业、影视业、文娱演艺业等开始成为保山市文化产业中的主导产业。

民族民间工艺业发展势头良好，具有良好的企业基础。保山是一个多民族的边疆地区，民族民间传统工艺很发达，特别是玉雕工艺、木雕工艺、民族刺绣工艺、民族服饰等具有一定的特色。腾冲翡翠商贸城就是以本地玉雕工艺为基础发展起来的。一些文化企业以此为突破口，很快就进入了市场，逐渐取得了市场地位。腾越园角工艺服饰有限公司是目前省内制作背幺的唯一专业公司，已开发出背幺、马甲、围裙、民族服饰等手工刺绣工艺产品，其产品注册了“园角”商标。为了使阿昌族传统刺绣工艺产业化，该公司还在腾冲县新华乡对有刺绣工艺基础的30多名阿昌族群众进行刺绣培训。腾冲日昱木业有限公司瞄准民族传统木雕艺术，运用现代高科技加工生产木质旅游产品。其他生产民族民间工艺品的实力企业还有腾冲县边境贸易总公司雪花木雕厂、腾冲县万寿玉雕厂、腾冲县腾兴玉雕厂、云南和春玉器加工有限公司、云南省腾冲县宝利达工艺品有限公司、腾冲县翠光玉器工艺厂等。

生态文化旅游业应该是目前保山市最有特色的文化产业。保山既是滇西旅游路线昆明—大理—瑞丽的重要组成部分，又是滇西及滇西南两大旅游片区的交通枢纽，高黎贡山自然保护区和澜沧江自然保护区是保山市生态文化旅游最好的资源优势，森林覆盖率达91.3%。区内山地、峡谷及其岩溶地貌千差万别，动植物资源丰富，有多种第三纪的珍稀树种，有兽类33种，鸟类114种，其中多种为国家重点保护种类。景区建设中具有代表性的文化景点10个，是动植物科学考察、山川探险旅游、休闲健身的天然场所。澜沧江峡谷昌宁段风光秀美，有千亩高山湿地，8万亩原始森林，有古生物化石群，有独特的物种资源，有青铜文化、江畔风光、高山湿地等多种文化，有珠街、耇街两个民族乡独特的民族文化，是生态文化旅游的最佳景区。高黎贡山自然保护区的旅游业尽管还没有达到腾冲那样的高度，但是随着市场宣传的扩大，知名度也在不断提高。

保山影视业的发展势头强劲，产业基础比较坚实。保山市出台了有关影视业发展的政策法规，如《保山市外来拍摄电影、电视剧以奖代补暂行办法》、《保山市文学艺术政府奖暂行办法》等。云南影视试验区在保山市已建立了滇西纪录片拍摄基地，许多影视剧都来保山拍摄，如电视剧《玉观音》、《大马帮》、《西街女》、《滴血翡翠》等纷纷展示了滇西多样的风情，长篇电视连续剧《哀牢归汉》也将主要在保山拍摄。保山历史文化资源为影视创作提供了丰富多彩的创作素材，保山作家又勤于创作，已经创作了许多具有一定水准的影视文学作品。市文联作家段品钊同志潜心体验生活，以新的视野、新的角度、新的手法、新的形式创作的高黎贡山影视文学三部曲《日落百凤坡》、《木棉花季》、《OK高黎贡》已由黑龙江人民出版社出版。高黎贡山影视文学三部曲将是高黎贡山的宣传书，为打造“南天·彩云·高黎贡”这一得天独厚的文化品牌将起到非常积极的作用，将成为高黎贡山科考、旅游、文化综合开发的营销基础。腾冲作家刘正龙已完成电影剧本和8集电视连续剧脚本《抗日县长张问德》，电影拍摄已经启动。市文联作家杨新旭的20集电视连续剧《边关神弩》早已完成，反映滇西抗日战争历史的《滇西英豪》也在筹划之中。目前，保山影视业还缺少影视制作公司以及影视产业服务机构，因而创作优势还无法迅速转变为产业现实。

保山的演艺会展业逐渐成形，正在向常规化、市场化方向发展。保山市各区（县）结合本地区民族传统艺术，精心设计，打造了一批表演项目，如大型舞台剧精品《怒沧飞虹》得到观众首肯，施甸县推出了大型民族歌舞《金布朗》，保山高黎贡山傈僳族四声部无伴奏合唱团获得“第八届中国国际合唱节”大赛组委会颁发的“特别奖”和“优秀表演奖”两项大奖，舞蹈《阔时欢歌》参加全省第二届中国联通文艺会演获二等奖，小戏《审大憨》获省第二届文化艺术基金会三等奖，隆阳区文化馆创作的舞蹈《水鼓、德昂娃》、《咖啡红了》参加第四届全国校园春节联欢晚会节目征集评选活动，分别获二、三等奖。2006年在全省第五届民族民间歌舞乐大赛上，保山市代表团获一个特别奖和两金一铜的佳绩，名列州市之首。《云茶飘香》在省新剧目展演中获银奖。哀牢犁耙会、傈僳族刀杆节等民族民俗节庆活动的成功举办，无论是在规模上还是在档次上，都上了新的台阶，社会效益和经济效益都比较明显。以民族民俗节庆为主要内容的会展业，正在沿着与旅游相结合的道路发展。

四、保山市文化产业可持续发展的制约因素

虽然保山市文化体制改革与文化产业发展已经取得一定成绩，影视文化、节庆文化取得新成效，文化产业增加值占全市生产总值的6%左右，试点工作顺利通过验收。但是，保山市文化产业不容乐观，许多因素还制约着保山市文化产业的可持续发展。

第一，控制文化资源的某些行政管理部门的领导人存在视野狭隘、保守落后的思想观念。由于保山历史悠久，气候宜人，自然生态资源丰富多样，不善与外界比较的保山人以此自豪，盲目乐观，并坚守要保护好这些祖传文化遗产的信念，以致贻误发展良机，使保山文化产业发展举步维艰。有些主管部门的领导人的传统思想观念明显不适应现代快速经济发展的要求，并以民族宗教事务的敏感性等种种理由拒绝研究人员和外地文化产业人士进入保山发展文化产业，致使消极被动的封闭性管理模式仍然占据着行政主管部门的管理阵地。多一事不如少一事，只要我任职期间不出差错就万事大吉，经济能否发展与我无关。对自己控制的文化资源是否影响到文化产业的发展，这样的问题他们更不会去思考。至于主动发展文化产业，通过科学合理的有效管理来克服存在的问题，在发展中解决问题，在这些方面他们就更加短视了。控制文化资源的行政管理工作人员只立足于本行业利益、局限于本职范围的狭隘视野是目前保山市文化产业发展的关键制约因素，成为保山市发展文化产业的主要瓶颈。

第二，行业管理分割，缺少文化产业发展的整体协调机制。发展文化产业，不仅仅是旅游产业部门的事情，还涉及民族宗教事务管理部门、文化主管部门、林业部门、交通部门等。民族宗教事务管理部门控制着寺庙文化遗产、民族遗产等，文化主管部门控制着文物古迹遗产，林业部门控制着自然生态文化遗产。作为发展文化产业的基础资源，寺庙文化遗产、民族民俗遗产、文物古迹遗产、自然生态遗产等文化资源管理部门如果不向旅游产业部门开放，旅游产业部门就会巧妇难为无米之炊，他们也就没有办法吸引外地游客。以河村顺龙寺为例，旅游产业部门如果要对河村顺龙寺进行产业开发，就必须首先取得宗教活动场所许可证，因为能够自主的生存和合法的开展宗教活动是旅游经营的前提条件。但是，河村顺龙寺的开放经营权控制在宗教管理部门手里，宗教管理部门则基于国家安全的需要拒绝新开放它作为合法的宗教活动场所。因此，河村顺龙寺的产业开发就必须突破这种行业管理的制约。总之，目前保山地区还缺乏文化产业发展的整体协调机制，文化产业办公室还没有真正建立起推动文化产业发展的综合性管理模式，行业管理分割还较为严重，各人只扫门前雪的传统管理机制严重制约着需要全方位合作的文化产业的发展。

第三，适应文化产业发展需要的经营管理型人才极其缺乏。和顺古镇案例的成功和文化产业的发展建构主要得力于外借人才，这是一时的权宜之计。如果保山市文化产业要出现更多的成功案例，要实现可持续发展，那么必须得培养适应文化产业发展需要的本地经营管理型人才。这是因为，外地人才能不能借来，是否能够长期为我所有，都具有很多不确定的因素。外地企业进驻保山，他们发展的原则更多的是坚持文化资源的扩张性开发，以便尽快获得投资回报。发展文化产业，关键是有一批懂得文化市场规律的经营管理型本地文化人才，有一批建立在由经营管理型本地文化人才支撑的具有市场运作能力的文化企业实体。只有这样，保山市文化产业才能够在最佳保护中实施最佳潜能开发，在科学开发中实现可持续发展。

第四，文化产业缺少具有示范效应的市场运作产业实体。产业实体依靠文化资源来生存，就能够在市场利润机制的推动下主动开发和经营文化资源，实现文化资源的经济价值。培育产业实体，让企业来保护和开发文化资源，这是实施文化产业可持续发展的必然规律。有了具有示范效应的市场运作产业实体，才能够通过这些产业实体的培训和指导，以点带面，逐步推动文化产业的规模化发展。特别是在文化产业的某一个行业中，必须具有一个这样的产业实体，这个行业才有发展的动力和市场经验的支持。

五、保山市文化产业可持续发展的对策

在保山市文化体制改革和文化产业发展试点受到肯定的同时，我们不能够满足于现有的成就，而是应该向丽江、大理等文化产业发展先进州市看齐，不断探索，将保山市的文化产业提高到一个更高的层次，使之进入省内外文化消费市场的选择视野。

解放思想，向主动参与管理模式转型。由于控制文化资源的某些行政管理部门的工作人员存在视野狭隘、保守落后的思想观念，其消极被动的封闭性管理模式极大地制约了文化产业的科学研究、招商引资、企业合作等，因而这些行政主管部门的工作人员必须解放思想，转变观念，应该实现由消极被动管理向主动参与管理的转型。当存在问题时，不是消极地防止再发生，而是应该采取积极有效的措施避免问题的再发生。这些主管部门也应该树立文化资源是文化产业发展的基础的意识，科学理顺它们之间的关系，不因自己的管理而制约文化产业的发展。例如，民族宗教事务部门不能因为民族宗教事务的政治性极强就拒绝文化产业研究人士进入该领域，而是应该和这些文化产业研究人士展开合作，创新管理模式，探索适合双方要求的管理措施，协助他们共同发展文化产业。

坚持自力更生与招商引资并重的主动发展原则，摒弃等、靠、要的思想。培育产业实体有两种方法：一种是招商引资，另一种是自力更生。保山市保护文化遗产与发展文化产业应该坚持以自力更生为主，大力发展招商引资。完全自力更生，将会由于资金不足，难以实现跨越式快速发展。完全依靠招商引资，那会白白浪费等待的时间，贻误战机。在自力更生的基础之上招商引资，是培育产业实体应该坚持的原则。没有经验，没有资金，我们可以从小项目做起，不怕失败，逐步积累经验，然后做大做

强。我想，这也比坐等外地企业的投资要强。

突出重点，发展资源型文化产业。根据文化产业因素的产业地位，我们把文化产业分为资源型、投资型和人才型等几类。资源型文化产业是指文化资源在行业中处于主导地位的文化产业，如民族民间工艺业、生态文化旅游业等。投资型文化产业是指发展资金在行业中处于主导地位的文化产业，如新闻出版业、影视业等。人才型文化产业是指人才与智力因素处于行业的主导地位的文化产业，如演艺业、会展业、广告业等。保山地区经济落后，经济实力有限，发展需要大量资金投入的文化产业显然力不从心，招商引资又缺少吸引力，因而只能把资源型文化产业作为重点来发展，选择那些以极少投资就能够开发成功的优势资源进行产业开发。已经开始成为保山市文化产业的主导产业如民族民间工艺业、生态文化旅游业、影视业、文娱演艺业等也应该有所调整，对不需要太多资金投入的民族民间工艺业和生态文化旅游业需要进一步强化，而对影视业和文娱演艺业要改变发展的重点。积极推动以较少资金就能够进行的民族志纪录片拍摄，大力培养民族影视制作人才，为建构滇西纪录片基地夯实基础。文娱演艺业要向小型化发展，重视节目创意，建设旅游性演出基地，打造演艺团体和表演精品项目，塑造演艺品牌，然后逐步走向省内外演艺市场。

另外，要依托文化遗产大力发展民族民间乡村文化业和寺庙文化遗产业，培育文化产业的新的经济增长点。文化遗产是一种宝贵的可以带来经济收益的资源。日益兴起的人文旅游主要是通过参观文化遗产，参与旅游目的地的文化事象与活动，领略人类历史与文化的魅力。因此，文化遗产与旅游具有无法割裂的紧密联系。[1] 保山地区是多民族杂居的民族风情园，有丰富的具有极强吸引力的少数民族风俗，特别是昌宁苗族服饰已成为第一批国家级非物质文化遗产。创建民族民间生态博物馆，开发少数民族生态村，依托少数民族艺术展演，以民族民间风俗观光体验为卖点，发展民族民间乡村文化业。发挥寺庙文化遗产的资源优势，以极少的资金投入就能够获得旅游收入，这应该是保山市文化产业发展的一个重要方向。

发展外向需求型文化产业，实现经济效益的大幅提升。由于保山地区地处边疆，交通极不发达，致使经济发展落后，文化消费市场狭小。因此，面向本地消费市场的文化产业类型（文化产品制造业、文化产品批发零售贸易业、会展业等）应该控制发展规模，既有的文化企业实体也应该面向外地消费市场，或者是与需求外向型文化产业相结合，使产业内外向型需求相结合，相得益彰。腾冲旅游业与腾冲翡翠玉雕业的结合就是一个很成功的实例。从目前来看，文化旅游业是外向需求型文化产业的主导类型，保山市应该以此为发展方向，完善旅游基础设施，精心设计旅游产品和线路，提升文化旅游的品牌形象，充实旅游内容的内涵和容量，努力消除发展文化旅游业的不利因素，使其真正成为保山市文化产业的最大贡献者。

强化市场营销，塑造品牌形象，提升知名度。保山市要将文化资源优势转化为产业现实，要将文化产业推向省内外旅游消费市场，关键还在于要强化市场营销。一是要加强学术营销。出版或发表有关文化产业的学术成果，或是通过邀请外地文化产业研究专家来保山市参加调研和研讨，在为保山建言献策的同时扩大保山文化产业的影响力，提升保山的文化产业品牌和形象的内

① 徐嵩龄、张晓明、章建刚：《文化遗产的保护与经营——中国实践与理论进展》，社会科学文献出版社2003年，第406页。

涵。二是要加大广告宣传的力度。除了有意识地进行新闻宣传外，更重要的是要坚持整合营销传播理念，发动科学合理的广告宣传，瞄准目标受众市场，采取各种广告手段与形式，分步骤地渐次展开，把保山市的文化旅游形象全方位展示在潜在旅游者的眼前。三是强化政府推介活动。尽管保山市已经举行过一些推介活动，但是很多情况下是孤军作战，没有整合发力，因而宣传力度还不够大，还没有达到应有的市场效应。应该在营销策划的基础上开展有整合针对性的全方位的政府推介活动，优化推介活动的多重营销组合，强化其营销效果。

构建保山市文化产业的门户品牌，提升保山市的整体旅游形象。市级政府所在地的形象在任何时候都应该强于其他区（县）的形象，只有这样才会有利于整体形象的品牌塑造。

建立文化产业教育培训基地，强化理论指导。保山市文化产业的发展离不开人才的支持和智力的支撑，这就需要有文化产业教育与研究基地。但是，保山市现在还没有这种意识，实践探索的盲目性极大地延缓了保山文化产业发展的速度。依托保山师专和保山市社科联，建立文化产业研究基地，强化保山市文化产业研究，开展文化产业理论培训，提高文化管理人员和文化产业实践工作者的文化理论水平，避免保山市文化产业走弯路，促进文化产业健康、有序、快速发展。文化产业研究基地也应该承担有关文化产业战略与发展咨询服务的重任，主动为文化企业出谋划策，帮助文化产业实务界解决实际问题。文化产业研究基地还应该成为培养适应文化产业市场运作要求的人才培养基地，培养保山本地急需的经营管理型、艺术营销型、产品开发型等各类文化产业人才。文化产业研究基地特别是要针对文化产业发展中存在的重要问题展开攻关研究，参与文化产业项目开发设计，强化研究基地的理论指导功能。

发展保山文化产业，开拓云南文化产业发展模式的地域特色与内涵，探索符合边疆民族地区社会经济发展实际的文化产业发展之路，紧跟时代的发展潮流，促进保山地方经济的快速发展，这是保山各界人士义不容辞的责任。我们希望，保山市有更多的文化企业实体能够成为全国的知名品牌；保山市的文化产业形象也能够像大理、丽江等云南其他地域文化产业品牌一样走向国内外文化旅游市场！

西南地区少数民族传统文化的旅游开发[①]

摘　要： 少数民族传统文化是西南地区的文化瑰宝，也是民族旅游的灵魂所在。发掘和整理少数民族传统文化，是西南地区旅游开发的必由之路。开发文化旅游资源，我们就必须把握文化旅游资源系统的三个层次及其特点，针对不同的层次特点开发富有特色的旅游产品（即旅游商品、旅游景区和旅游线路），合理科学地开发西南地区少数民族文化旅游资源。商品开发模式、景区开发模式和线路开发模式是文化旅游产业开发的三种基本模式。其中，景区开发模式是最主要的文化旅游产业开发模式。聚焦民族特色，强化品类创意，重视旅游营销，全面提升文化旅游产业的开发水平，这是我们西南地区少数民族传统文化旅游开发的基本要求。总之，研究西南地区少数民族传统文化的旅游开发，弄清楚如何将丰富多彩的少数民族传统文化转化为受到市场青睐的旅游产品，发掘少数民族传统文化的潜在价值，全面推进西南地区社会经济文化的健康快速发展，这是产业转型背景下民族文化旅游产业研究的重大课题。

关键词： 西南地区　少数民族传统文化　旅游开发　产业转型　基本途径

---

① 本文为教育部人文科学重点研究基地重大招标课题“西南地区少数民族传统文化的发掘整理与应用”研究的阶段性成果之一。

西南地区少数民族传统文化的发掘整理是其应用开发的基础，而其应用开发是发掘、整理的落脚点。尽管研究西南少数民族传统文化具有发掘整理、文化遗产保护和应用开发三大任务，但是要想促进西南少数民族传统文化的大发展大繁荣，关键还是在于保护和开发利用好西南少数民族的传统文化，即在保护中开发，通过开发来保护，相互促进，最终实现西南少数民族传统文化的科学发展。

一、产业转型背景下的文化旅游开发

美国著名未来学家阿尔文·托夫勒在《第三次浪潮》一书中指出，人类历史进程已经实现了三次大的转型，他把这三次大的转型称为三次“浪潮”。他说，第一次浪潮是向农业社会的转型，第二次浪潮是向工业社会的转型，第三次浪潮是向信息社会的转型。第三次浪潮从20世纪50年代后期开始。我们现在正亲历着如托夫勒所言的第三次浪潮社会。变化的浪潮既给我们造成冲突和压力，也给我们带来新生和转机。从产业的角度来看，这三次浪潮的推进实际上也是三次产业的转型，从第一产业（农业）向第二产业（工业）再向第三产业（服务业）逐步推进。因此，我们把西南少数民族传统文化放到社会产业转型的大背景下来审视其地位，其目的就是为了揭示西南少数民族传统文化在社会产业转型中的重要意义。

（一）科学发展观与产业转型

2003年10月召开的中国共产党十六届三中全会提出了科学发展观，并把它的基本内涵概括为“坚持以人为本，树立全面、协调、可持续的发展观，促进经济社会和人的全面发展”，坚持“统筹城乡发展、统筹区域发展、统筹经济社会发展、统筹人与自然和谐发展、统筹国内发展和对外开放”的要求。坚持以人为本，就是要以实现人的全面发展为目标，从人民群众的根本利益出发谋发展、促发展，不断满足人民群众日益增长的物质文化需要，切实保障人民群众的经济、政治、文化权益，让发展成果惠及全体人民。全面发展，就是要以经济建设为中心，全面推进经济建设、政治建设、文化建设和社会建设，实现经济发展和社会全面进步。协调发展，就是要统筹城乡发展、统筹区域发展、统筹经济社会发展、统筹人与自然和谐发展、统筹国内发展和对外开放，推进生产力和生产关系、经济基础和上层建筑相协调，推进经济建设、政治建设、文化建设、社会建设的各个环节和各个方面相协调。可持续发展，就是要促进人与自然的和谐，实现经济发展和人口、资源、环境相协调，坚持走生产发展、生活富裕、生态良好的文明发展道路，保证一代接一代地永续发展。总之，科学发展观的第一要义是发展，核心是以人为本，基本要求是全面协调可持续发展。这三个方面相互联系、有机统一，其实质是实现经济社会又好又快发展。①

在社会产业转型的过程中，中国的产业转型没有紧跟上世界产业发展的大趋势。从中国产业的发展历程来看，在20世纪80年代以前，中国都还是农业大国，第一产业仍然处于主导地位；20世纪80年代以后，中国才开始实现工业化，工业在国家经济发展中的主导地位才逐步显现；到20世纪90年代，中国的工业化程度不断提高，工业在这个时候才开始居于国家经济发展的主导地位，以至世界都在惊叹“中国制造”。但是，工业化的高度成熟并没有实现人类追求和谐幸福生活的愿望，在人们生活改善的同时，人们也意识到了工业发展带来的负面影响。在21世纪，中国的发展进程不可避免地遭遇到能源和自然资源的超常规利用、加速整体生态环境“倒U形曲线”的右侧逆转、缩小区域

① 中共中央理论宣传局编写组：《科学发展观学习读本》，载《人民日报》2006年7月17日。

间发展差距并逐步解决“三农”等方面的问题。解决这些问题，全面实现小康社会目标，构建和谐社会，便顺理成章地进入了“全面、协调、可持续发展”的科学发展观的视野。科学发展观要求国家经济的科学发展，势必催生产业结构的调整与优化，实现中国产业的科学转型。

产业转型有两种方式：一种是业内转型，即产业内部的结构调整和优化，如农业，由蚕桑养殖业向甜柿种植业的转变；另一种是业际转型，即产业之间的结构调整与优化，如从工业向服务业的转型。这两种产业转型方式都有其基本的经济价值，都是推动经济发展和社会进步的原动力，但是，业际转型具有决定性的意义，是最为根本的推动力。因此，在实现社会转型的过程中，业际转型标志着社会的进步，成为经济发展中制定产业战略的首要方向。中国目前还处于工业社会，还没有完全实现社会的信息化，服务业也没有完全主导国民经济的发展。尽管中国的产业转型已经开始，而且目标也很明确——实现社会的信息化，但是在产业转型上，业际转型的力度还不够大，在推进文化产业的发展上还比较乏力，以致资源的过度消耗、环境的污染退化、生态的破坏失衡等还格外严重，极大地影响了普通老百姓的生活质量。

在走向信息社会的过程中，中国仍然坚持发展工业，以业内转型的方式推进新型工业化的发展。其次是大力发展第三产业，以业际转型的方式推进文化产业的全面发展，逐步提高旅游、影视、信息技术等产业在国民经济中的比例，实现资源的非耗损性产业开发。相对于依赖一次性资源利用的工业来说，旅游业主要依赖非物质文化资源，可重复利用的程度比较大，不会对普通老百姓的生活造成巨大的影响，因而它也就成为各地各级政府发展地方经济的热门产业。开发利用文化资源，大力推动旅游业的快速、健康发展，实现当地经济的产业转型，已经成为一种发展共识。

（二）可持续发展与旅游开发

20世纪80年代，世界面临着三大热点问题，即南北问题、裁军问题、环境与发展问题。为了解决这些问题，联合国文件认为，为了克服危机、保障安全和实现未来发展，我们必须实施可持续发展战略。联合国文件还认为，无论是经济发达国家还是发展中国家，这一战略都是各个国家在协调人口、资源、环境和经济发展之间的相互关系时所必须采取的战略。① 当然，随着社会的进步和思想的升华，这里的“可持续发展”的内涵已经得到了进一步的深化。科学发展观就认为，可持续发展就是要促进人与自然的和谐，实现经济发展和人口、资源、环境相协调，坚持走生产发展、生活富裕、生态良好的文明发展的道路，保证一代接一代地永续发展。作为当今时代最为重要的一种发展理论，可持续发展不仅在诞生之际就与环境具有密不可分的关系，而且在旅游业的发展中越来越受到重视，成为旅游开发中最基本的指导思想。

可持续发展理论与旅游业的明确关联最早体现于1990年在加拿大召开的旅游国际大会上通过的《旅游业可持续发展行动纲要》。1992年，联合国环境与发展大会又通过了《21世纪议程》。随后，世界旅游理事会、世界旅游组织和地理理事会又将《21世纪议程》转化为旅游业的行动纲领——《关于旅游业的21世纪议程——实现与环境相适应的可持续发展》。1995年，可持续旅游发展世界会议在西班牙召开，会议通过了《可持续旅游发展宪章》和《可持续旅游发展行动计划》。1994年，中国政府也通过了《中国21世纪议程——中国21世纪人口、环境与

---

① 马勇、李玺编著：《旅游规划与开发》，高等教育出版社2006年第2版，第52页。

发展白皮书》，要求开辟新旅游专线，加强旅游资源保护，提倡发展不污染、不破坏的绿色旅游。[①] 随着旅游业的蓬勃发展和旅游研究的深入推进，可持续旅游发展理论已经成为旅游理论中一个重要的组成部分。

在旅游规划与开发中，可持续发展的关键主要体现在“人和自然的和谐发展”，其核心层面是人类生存问题，其综合层面是人类与生存环境之间协调和持续发展的问题。[②] 因此，“以人为本”是可持续旅游发展规划与开发的立足点。在可持续旅游发展思想提出以前，旅游业的规划与开发都是单向度的思维模式，都是立足于游客和旅游企业的经济利益的一种产业建构。可持续旅游发展思想提出以后，“以人为本”不仅意味着以游客和旅游企业为本，而且还要坚持以旅游目的地的老百姓为本，坚持同代人之间和代与代之间公平地分配有限的文化旅游资源，防止过度开发和过滥开发，阶段性和局部性地推进旅游业发展进程，在旅游系统宏观视野下实现旅游业经济利益的全面兼顾。

（三）旅游业开发的资源基础

从系统论的角度看，旅游业是一个由各种各样的旅游要素构成的有机统一体。许多旅游学者根据自己学术研究的视角给旅游系统进行模型建构，形成不同的旅游系统模式。旅游学者保继刚从地理学的角度来看，认为旅游系统由旅游客源地、旅游目的地、联系客源地和目的地之间的旅游通道这样三个要素组成。[③] 每一个要素又可进行细分，分别由不同的子系统组成。从旅游业

---

① 马勇、李玺编著：《旅游规划与开发》，高等教育出版社 2006 年第 2 版，第 53 页。

② 孟华、秦耀辰：《“以人为本”与“人与自然和谐发展”》，载朱传耿、沈正平、孟召宜主编：《科学发展观与人文地理学研究新进展》，科学出版社 2005 年，第 61 页。

③ 李永文主编：《旅游地理学》，科学出版社 2004 年，第 45 页。

的开发来看，主要有客源市场开发和旅游资源开发，这两种开发就是分别对位于旅游系统两端的客源地和目的地的开发。其中，旅游资源的开发又是很重要的一个环节，它实现着客源市场对旅游产品的需求满足。

“世界上的各种产业皆是依托相关资源发展起来的，资源是一切产业发展的基础物质条件。旅游产业的发展同样不能例外，必须依托旅游资源作为产业发展的基础物质条件。”① 立足于旅游目的地的旅游业开发必须建立在目的地的旅游资源的基础之上，必须建立在对旅游目的地的各种自然、人文景观的发掘、整理和保护的基础之上。明确了旅游目的地的旅游资源，旅游业的资源开发才会有的放矢，开发出既满足旅游目的地的发展需要又符合游客的旅游心理需求的旅游产品。

那么，旅游目的地的哪些资源可以纳入旅游资源开发的视野范围呢？2003 年，中国科学院地理科学与资源研究所和国家旅游局共同起草并颁布《旅游资源分类、调查与评价标准》。其中，旅游资源就被定义为“自然界和人类社会凡能对旅游者产生吸引力，可以为旅游业开发利用，并产生经济效益、社会效益和环境效益的各种事物和因素”。② 尽管对旅游资源的认识是仁者见仁，智者见智，但是旅游界还是能够达成一个共识，即把能够吸引旅游者前往、存在于旅游地一定地理空间范围内的自然资源和人文资源看成为旅游资源。自然资源一般都是有形的，看得见摸得着。人文资源则不同，一部分是物质形态的有形旅游资源，另一部分则是非物质形态的无形旅游资源，属于精神层面的无形资源，如音乐、传说、民俗行为等。有形旅游资源是无形旅游资源的基础，是旅游之“皮”；无形旅游资源是有形旅游资源

---

① 徐学书主编：《旅游资源保护与开发》，北京大学出版社 2007 年，第 1 页。

② 徐学书主编：《旅游资源保护与开发》，北京大学出版社 2007 年，第 1 页。

的灵魂所在，充实了有形旅游资源的内涵，提升旅游者精神层面的感受，是旅游之“毛”。“皮之不存，毛将焉附?”因此，相对自然旅游资源而言，人文旅游资源对游客的吸引力更大，更具有旅游价值。一般而言，为了避免自然旅游资源的审美单一性，旅游资源开发都倾向于将自然资源和人文资源结合起来组合成综合性的旅游资源，增强旅游资源的吸引力。

作为旅游资源开发的重要依托，人文旅游资源成为旅游业发展必不可少的资源基础。人文旅游资源的广泛分布、地域特色、不可复制性等特点决定了它们的独特魅力。在人类社会漫长的发展历程中，我们人类创造的古遗址、古墓葬、古建筑、原始绘画与雕塑等大量的物质和非物质文化遗存，承载了古代人类的聪明才智，充满了传统文化的美学魅力，能够满足当今之人的思古情怀，突显历史文化的巨大价值。自然地理环境的不同，历史发展道路的差异，各地人们生产、生活方式的区别，社会发展进程的不同，不同的民族和国家在民族文化上体现出较大的差异，形成异国风情和异族情调，地域与民族文化上的文化差异显示了极大的旅游吸引力。总之，人文旅游资源的旅游吸引力有目共睹，在当今旅游业竞争日益激烈的市场环境中，它们已经成为旅游业开发商心中的香饽饽。

（四）西南地区的旅游业开发

西南地区是我国少数民族的主要聚居区，全国 56 个民族中西南地区就占了一大半。其中，除了广西是民族自治区外，四川、云南、贵州都是多民族省份，少数民族特色显著。西南地区自然风光绮丽多姿，少数民族文化异彩纷呈，风景名胜不可胜数，为西南地区民族旅游的开发提供了绝佳的资源基础，从全国来看都占据着资源优势。

西南地区的旅游开发起步较早，但是规模小、波动大。西南地区的旅游业发展是从外事接待开始的，最初以入境旅游为主，而且是从路南石林、桂林山水等儿个国内外知名的景区、景点开始的。早在19世纪，西方的一些旅行家、探险家、传教士等就开始进入西南地区，并开始注意到西南地区少数民族传统文化的独特价值。被称为“纳西学研究之父”的美籍奥地利人洛克，在1921年至1949年之间的28年间，深入纳西族地区进行田野调查，在美国《国家地理》杂志上发表了一系列介绍丽江自然地理、民俗风情的图片和文章，使得云南纳西族东巴文化受到国际上的关注。① 1992年邓小平南巡讲话以后，云南、广西等西南省份先后出台加快旅游业发展的政策，西南地区的民族旅游业开始快速发展，迎来了前所未有的旅游业发展的大好时机。21世纪起始，西南地区的旅游业在西部大开发战略的推动下，不断改善投资环境，加大投资力度，拓宽融资渠道，发挥后发优势，经过较短时间的发展，取得了可喜的成绩。1999年，云南省旅游业对全省经济增长的贡献率就已超过第二产业；2000年，云南省旅游业总收入在全省国内生产总值（GDP）的比重就已达10.8%，2001年上升到12.5%；2001—2003年间，云南省旅游外汇收入连续三年在全国排名第9。2002年，民族地区国际旅游外汇收入超过1亿美元的省区有3个，西南地区就有2个，即云南和广西；西南地区外汇收入超过1亿美元的城市有桂林和昆明。2003年，在全国国际旅游外汇收入超过1亿美元的17个省区市中，西南地区的云南和广西就位列其中。② 从旅游业开发的发展成就来看，云南、广西似乎已经迈入了全国旅游大省的行列。

西南地区的旅游资源特色突出，对游客的吸引力明显要高于东部，开发的潜力巨大。在旅游资源国家标准分类中所列出

① 刘晖：《民族旅游学》，民族出版社2006年，第304页。

② 刘晖：《民族旅游学》，民族出版社2006年，第264页。

的几大类旅游资源，西南地区一应俱全，其自然景观和人文景观水乳交融，文化多样性分外明显，具有极强的旅游价值。云南的路南石林占地面积40万余亩，域内奇峰危石、群峰壁立、高低错落、形态各异，为地文地表岩溶景观的著名景点。中缅边境的四江并流带位于滇西横断山脉地区，起源于青藏高原东南部的金沙江、澜沧江、怒江和缅甸伊洛瓦底江的支流龙川江交汇于此，高山、峡谷、湖泊、江河、瀑布、温泉错落分布，地质现象异常丰富，极具科考和观赏价值，成为水体生态景观的典范代表。① 属于自然生态景观的著名景区有西双版纳热带雨林自然保护区、四川卧龙自然保护区、高黎贡山国家自然保护区等。例如，位于滇西横断山脉地区的高黎贡山国家自然保护区，山顶银装素裹，山脚热浪扑面，自然植被姿态万千，被称为“自然博物馆”和“物种基因库”。在高黎贡山自然保护区这块面积仅12万公顷的土地上，已有记载的高等植物4 600多种，其种类占全国高等植物种类的17%。有500多种高等植物为高黎贡山地区的特有种和珍稀种，其中70多种高等植物为国家级和省级珍稀保护植物。高黎贡山有兽类154种，鸟类419种，两栖动物21种，爬行类动物56种，鱼类49种，昆虫1 690种，其中国家一级保护动物18种，国家二级保护动物49种，省级重点保护动物5种。② 如孟加拉虎、羚牛、白眉长臂猿、白尾梢虹雉、小熊猫、扭角羚、蜂猴、绿孔雀等各级保护动物在这里生息繁衍，被誉为“野生动物的乐园”。西南地区文物古迹景观也不可胜数，如四川成都的武侯祠，云南的丽江

① 刘焰：《中国西部生态旅游产品绿色创新》，经济管理出版社2004年，第30页。

② 轶名：《云南景点：高黎贡山自然保护区》，网易旅游频道，2005年6月23日。

古城和大理古城，广西的平南太平天国古迹，贵州的遵义会议会址等。作为少数民族聚集区和我国民族文化旅游资源最为丰富的地区，西南地区以民族风情、民族习俗、民族村落等为主体的民族文化景观独具魅力，成为我国旅游市场的一道亮丽风景线。

由于西南地区拥有丰富的旅游资源，再加上西南地区的旅游业开发受到当地政府的重视，因而西南地区的旅游业呈现蓬勃发展的势头，几近成为西南地区经济发展的支柱产业。依托民族文化资源发展旅游业，突出民族旅游特色，发挥民族文化的潜在价值，推进西南地区经济社会的跨越式发展，这是西南地区促进发展的重要任务。作为西南地区人文旅游资源的重要组成部分，少数民族传统文化也应该受到旅游业界的重视，也应该被纳入旅游开发的视野。如何将少数民族传统文化转化为旅游资源，发挥其经济价值，强化旅游产品的特色和文化内涵，推进西南地区的民族旅游的健康发展，这是我们民族学界研究民族文化的重大课题。

将旅游产业开发放在向信息社会转型的历史背景中，立足于西南边疆地区的经济发展，这是一个崭新的宏观视角，这也更能够凸显发展文化旅游产业的重要意义。少数民族传统文化是西南地区的文化瑰宝，也是民族旅游的灵魂所在。发掘和整理少数民族传统文化，这是西南地区旅游开发的必由之路。西南地区的工业向来就不够发达，很多地方还处于封闭落后的发展状态，即便是力求开拓新兴的产业，也还是墨守成规。缺乏科学的发展观，以致资源耗损性和环境污染性产业如煤炭、冶金等有从东部向西部转移的迹象。总之，推进西南地区的产业转型，提升其经济发展质量，就应该大力发展资源耗损相对较小的文化产业，对少数民族传统文化资源进行发掘和整理，实施开发文化旅游产业，最终实现社会效益和经济效益的双丰收，建构起符合西南边疆少数民族地区的和谐社会。

二、文化旅游产业开发的基本途径

文化旅游产业是指借助于文化资源开发出来的旅游产业，是基于旅游资源的视角对旅游产业的一种称呼。实际上，自然景观资源和人文景观资源往往都是密不可分的，很难把它们截然地分开。自然景观资源和人文景观资源水乳交融，构成有机统一的文化旅游资源。从旅游产业的开发目的来说，我们也没有必要把它们分开，它们的融合性反而更有助于增强西南地区旅游产品的吸引力。对于文化旅游产业，我们更多的是立足于文化资源来思考，因而我们对文化旅游产业开发模式的建构也是以文化资源为落脚点的。

（一）文化旅游产业开发的资源系统

1968 年，德国科学家冯·伯特兰菲发表了《一般的系统理论：基础、发展和应用》，标志着系统论思想的正式确立。系统论认为，"系统由彼此相互依赖地关联在一起的一套套元件构成，它们共同致力于整体的全部目标。一个系统是部分的集合，这些部分一起发挥作用，以便完成一套套目标"。[①] 这之后，系统论就开始广泛地运用在各种学术领域。在《生命系统》一书中，J. G. 米勒就依据系统论建立了各种层次的系统，即"细胞—个体—群体—组织—国家—世界。这些层次中的每一个层次上的系统都可以通过使用系统思维的概念和工具来得到分析"。[②] 可见，系统论是为了克服孤立地或笼统地分析问题而提出来的，

① 〔美〕E. M. 罗杰斯著，殷晓蓉译：《传播学史：一种传记式的方法》，上海译文出版社 2001 年，第 430 页。

② 〔美〕E. M. 罗杰斯著，殷晓蓉译：《传播学史：一种传记式的方法》，上海译文出版社 2001 年，第 432 页。

是一种立足于微观要素的宏观系统的研究方法，它给我们提供了一种辩证、全面的思维方式。

根据系统论，我们也可以把文化旅游资源看成是一个系统，这个系统又由许多小的要素彼此相互依赖地构成。文化旅游资源系统也具有一定的结构层次性：资源要素之间的关系存在状态形成结构，结构在不同的对象层面形成层次。法国著名社会学家布尔迪厄在他的发生结构主义理论中就曾力图对个体、群体和社会这三种对象的发生加以描述、分析和说明。① 参照布尔迪厄的发生结构主义三种对象理论，文化旅游资源系统也可以分为三个层次，即以单个文化物品和文化事象为对象的微观层、以文化景观以及单个文化物品与文化景观联系在一起的旅游景区为对象的中观层、以由几个景区构成的旅游线路为对象的宏观层。文化旅游产业的资源系统就是由这三个层面的相互联系与作用层递、叠加形成的。

文化旅游产业的资源系统是一个由个体到群体再到多群体的积累过程。从微观层面来看，单个文化物品主要是指少数民族的民间手工艺品（织绣、雕刻、漆器、陶瓷、金银工艺品、编织等），服饰，生活日用品，艺术品（书法、绘画等），文物及其仿制品，装饰品，土特产等可移动的物质文化形态。文化事象主要是指少数民族的民俗仪式、歌舞、体育、游戏等非物质文化形态。把少数民族的文化物品开发成为旅游纪念品，把少数民族的文化事象开发成旅游参与项目，这是文化旅游开发的一个重要环节。从中观层面来看，旅游开发中的文化景观是指存在于一定空间区域内的自然和人文多种因素有规律地组合起来的有形和无形的地域综合体。② 这种文化景观是不可移动的，在某种程度上属

---

① 侯钧生主编：《西方社会学理论教程》，南开大学出版社 2001 年，第 361 页。
② 李永文主编：《旅游地理学》，科学出版社 2004 年，第 103 页。

于一种单数形态的物质和非物质文化的统一体，如闻名中外的保山卧佛寺。旅游景区也属于中观层面，但是它是文化物品、文化事象和文化景观的总和，是复数形态的文化景观。如果只有一个处于主体地位的文化景观作支撑，那么我们一般把这种旅游景区看做旅游景点。旅游景区则必须由两个及其以上的文化景观构成。从空间地域上来看，旅游景点的范围也要比旅游景区的范围小。例如保山市太保山森林公园景区，文笔塔是一个景点，易罗池公园是一个景点，武侯祠是一个景点，罗森动物园是一个景点，玉皇阁是一个景点，这五个景点构成了太保山森林公园的主体文化景观。文化旅游资源系统的宏观层面主要是指旅游线路，它由至少两个以上的旅游景区构成，在空间范围上也要比旅游景区大得多，而且旅游线路的景区组合更多的是建立在时间因素和交通因素基础上的，例如滇西旅游线路“保山、腾冲、芒市、瑞丽三晚四日游”。开发文化旅游资源，我们就必须把握文化旅游资源系统的三个层次及其特点，针对不同的层次特点建构富有特色的旅游产品（即旅游商品、旅游景区和旅游线路），合理科学地开发西南地区少数民族文化旅游资源。

（二）文化旅游产业开发的基本模式

开发西南地区少数民族传统文化旅游资源，探索文化旅游产业开发的基本模式，这对于我们推进文化旅游产业来说具有特别重要的现实意义。如何针对西南地区少数民族传统文化的资源特点，开发出具有独具地方文化与民族特色的旅游产品，这是旅游业界和民族学界需要共同思考和努力的研究课题。以西南地区少数民族传统文化的应用开发为立足点，针对少数民族传统文化的资源特点，我们认为，文化旅游产业开发的基本模式主要有以下三种：

1. 商品模式。

文化旅游产业开发的商品模式是指以可移动的文化物品和非

物质文化形态的文化事象为开发对象开发出的包含旅游地民族地域文化特色的旅游商品的一种旅游开发模式。商品模式的核心是开发对象的数量规定性，体现形式是旅游商品的开发，关键是旅游商品的文化内涵。它是文化旅游产业开发中一种较重要的基本模式，这是因为旅游产业是由行、住、食、游、娱、购这六大产业要素构成，而“购”这一构成要素的对象就是旅游商品。发展旅游商品生产，开拓旅游商品市场，扩大就业机会，提高旅游经济效益，这在西南地区具有极大的开发潜力和巨大的诱人前景。①

可移动的文化物品如果具有很强的旅游目的地的文化内涵，就可以直接作为旅游商品出售。少数民族的民间手工艺品（织绣、雕刻、漆器、陶瓷、金银工艺品、编织等），一些生活日用品、土特产、书法绘画作品等，都可以直接作为旅游商品来看待。一些不能移动的遗址、古迹、文物等文化景观和一些独具特色的可转化的民俗传统，则可以通过缩微复制的方式开发为旅游商品。还有一些民族民间工艺品通过改进工艺、改变材料、创新题材、改革组合等革新手段来针对旅游者的购物需求进行开发。直接开发、复制开发和革新开发就构成了商品开发模式的三种主要方式。

商品开发模式的资源因素主要有题材、材料、功能和形态等几个方面。从西南地区少数民族传统文化的角度来看，无论是哪一个资源因素，旅游商品的开发都应该注重其文化含量的体现。如把布朗族的年猪饭习俗作为文化衫、遮阳伞、民族地毯等旅游商品表现出来，增强旅游商品的民族特色，这是商品开发模式在文化旅游资源特点上的必然要求。要想体现少数民族的特色，在开发旅游商品的过程中，我们还必须注意强化旅

① 徐学书主编：《旅游资源保护与开发》，北京大学出版社2007年，第221页。

游商品所使用的材料的民族性。少数民族民间工艺品不仅注重利用当地特有的原材料，而且还在加工工艺上体现了鲜明的独特性，某一民族的传统工艺往往具有该民族的传统文化因子。走进傣家，我们会感受到竹林与竹楼交相辉映，这就是傣族在建筑原材料上的选用特色。云南大理苍山盛产大理石。大理石工艺品是云南石器艺术中的瑰宝之一，为白族人民喜爱。他们“把大理石广泛用于建筑、装饰和日常生活用品。在白族四合院的建筑中，画壁、墙角装饰、屏风、家具椅背、桌面、厨房案板，甚至石臼、文房四宝等都是大理石工艺品”。[①] 再如，尽管广西壮锦和土家族土锦都属于刺绣工艺品，但是它们所包含的民族文化因子就不同：广西壮锦需要提花，既有断纬也有通纬；土家族土锦则“通以断纬”为编制手段，注重原色与复色的互补。旅游商品功能上的民族特色也是产品开发模式上的一个考虑因素。旅游商品由于紧紧依靠旅游目的地的民族文化，而民族文化在民族特征、价值观念、审美情趣、宗教信仰等方面的不同又会导致民族民间工艺品在功能上的不同。比如说，同样是御寒遮羞的服饰，“少数民族的服饰更是绚丽多姿，多以刺绣、花边为习俗，就是男人的服装，也不乏色彩。而且，少数民族的头部装饰也比现在汉族的丰富，金银、珠玉、骨角均可制成各种精美的装饰品，佩戴在头、耳、颈、手，甚至脚踝上，使得他们的服饰别具一格”[②]。其中，形态因素是商品开发模式中最为重要的一个资源因素，因为旅游商品给予游客的知觉感受最能够反映少数民族传统文化特征，而作为知

---

① 施惟达主编：《态与势：2006 云南文化产业研究》，云南大学出版社 2007 年，第 250 页。

② 刘丽川编著：《民俗学与民俗旅游》，同济大学出版社 1990 年，第 43 ~ 44 页。

觉感受的鲜明形象，旅游商品的形态就是少数民族传统文化与游客进行文化对话与沟通的物质载体。如果旅游商品在其外观造型、款式、色彩、装饰、包装、质感、味道、音质等形态方面表现出强烈的民族文化特色，那么我们的旅游商品也就越加受到游客的青睐，越会激发游客购买的欲望。

2. 景区模式。

文化旅游产业开发的景区模式是指以不可移动的复数形态的文化景观和非物质文化形态的文化事象为组合型的开发对象建构出的具有一定民族地域文化吸引力的旅游景区的一种旅游开发模式。景区模式的核心是开发对象的空间规定性，体现形式是旅游景点的开发，关键是旅游景点的文化特色。相对于产品开发模式，景区开发模式在物的倾向上比较弱化，而在空间方面则得到了强化。从文化旅游产业的构成要素上看，景区开发模式涵盖的面更广，包括了行、住、食、游、娱、购六大产业。开发各种旅游景点，将西南地区少数民族传统文化转化为旅游景区，通过发掘少数民族传统文化的资源特色，增强各个旅游景区的吸引力和竞争力，这是文化旅游产业开发的必由之路。

根据所依托的文化景观资源在空间分布特点上的不同，我们把景区开发模式分为三种亚类型，即景观型、村寨型和景区型。这三种亚类型从空间范围来看似乎是不断扩张的，文化内涵和旅游价值更是不断叠加的。

景观型开发模式是指对一定的地域范围内存在的以历史文化古迹与传统文化建筑等单个文化展示点为文化景观单位进行开发的一种模式。例如，在保山市城区西南角有一处景点，叫梨花坞，是一处佛教名胜。梨花坞的主建筑慈云阁层楼高耸、古朴庄严，为大慈大悲观世音菩萨安享人间香火之所；附属建筑藏经楼、读画楼、醉月楼、菩提楼、养云池、雨花亭、瑞雪岭等亭台楼阁皆依山构筑，错落有致而又此呼彼应地构成一个严整的建筑群体。梨花坞在地理分布上比较集中，自成一格，形成一个整体视觉上的文化景观。因此，对梨花坞旅游资源的开发只能是建立在单个文化景观的整体建构上。

村寨型开发模式是指对一定地域范围内存在的以拥有多个民俗展示点的民族村寨为文化景观单位进行开发的一种模式。由于少数民族电影《花腰新娘》是在云南省红河州石屏县哨冲镇拖龙海村拍摄的，所以拖龙海村这个彝族尼苏人村寨一时声名鹊起，进入了全国游客的视野。这里最有特色的文化景观当属彝族尼苏人的“归家”风俗，即男女成婚之后新娘和新郎最少要等三年才能同房。拖龙海村寨的民俗文化展示点有女子舞龙队的训练场地拖龙海子、尼苏人土掌民居、《花腰新娘》中阿美的新房拍摄点等。[①] 相对景观型开发模式，村寨型开发模式所依据的文化景观资源在空间分布上范围更大，非物质文化形态的民俗事象分量更多，视觉感受上的地理间隔也格外明显，站在一点很难一眼看尽。村寨型开发模式能够将少数民族的民族情调、民俗节庆等民族文化予以集中突现，通过跨文化传播的“文化震惊效应”能给游客留下深刻的印象，因而对西南少数民族传统文化的旅游产业开发来说具有特殊的意义。

景区型开发模式是指对一定地域范围内存在的多个景点构建成的旅游景区为文化景观单位进行开发的一种模式。贵州省六枝梭嘎生态博物馆就是对这种景区型开发模式的最好诠释。贵州六枝特区和织金县交界处，有一片海拔为1 400 ~2 200 米，面积为120 平方公里的大箐林，林中隐居着一支清代初年为避战乱而来的苗民。目前这支以长角为头饰的苗族在世界总人口中仅有5 000 人。他们分住在六枝特区梭嘎乡的高兴村陇夏寨、高兴寨、小田坝寨、补空寨，安柱村的安柱寨，新华乡新寨村的大湾新

---

① 贺涛：《云南原生态旅行：串寨子》，云南民族出版社2007 年，第1 ~12 页。

寨，新发村的新发寨，织金县阿弓镇官寨村后寨、小新寨，化董村化董寨、依中底寨等村寨。六枝梭嘎生态博物馆就位于六枝特区以北50公里的梭嘎乡陇戛寨内，是中国和挪威文化合作项目，也是我国第一座生态博物馆，该馆于1998年10月31日正式落成开馆。建立六枝梭嘎生态博物馆的目的是加强对民族社区的自然生态和文化遗产的整体保护，使梭嘎苗族（长角苗）原始、古朴、独特的文化习俗得到有效的保护，以供现代和未来的人们研究、教育、游憩、启智之用。① 这里的“生态博物馆”不是那种为展览有关文物或标本而建的馆，而是指由12个长角苗寨组合成的一个社区。六枝梭嘎生态博物馆所涉及的面积广，空间分布不集中，是多个民族村寨的集合体。12个长角苗寨就是12个民族村寨型旅游景点。从西南地区少数民族传统文化的应用开发看，尽管六枝梭嘎生态博物馆的建立可能不是出于旅游的目的，但是实质上这种民族文化遗产保护方式却起到了旅游开发的作用，把长角苗族文化开发成了全国知名的旅游景区。

3. 线路模式。

文化旅游产业开发的线路模式是指基于时间因素和交通因素，对一定地域范围内存在的多个旅游景区构建成的旅游线路进行开发以便于旅游市场运作的一种开发模式。线路模式的核心是开发对象的空间接近性和交通便利性，体现形式是旅游线路的开发，关键是旅游线路价值的吸引力。相对于景区开发模式，线路开发模式在空间分布的集中度上弱化了，而在时间方面则得到了强化。从文化旅游产业的构成要素来看，线路开发模式和景区开发模式一样，涵盖的面也比较广泛，包括行、住、食、游、娱、购六大产业。除此之外，线路开发模式还更加突出了旅游线路的文化特色。线路开发模式处于旅游产业开发的宏观层面，其开发

---

① 刘晖：《民族旅游学》，民族出版社2006年，第358～362页。

出的旅游线路属于一种集中性的旅游产品。

“旅游线路是旅游部门为旅游者设计的，指导旅游活动的最佳路径。旅游线路包括两大部分：一是旅线，即游客居住地与旅游目的地之间的旅游活动路线；二是游线，即景区或旅游区内的游览线。”① 线路开发模式中的“线路”的含义是指旅线。线路开发在本质上是指将旅游景区按照便捷的交通路线串联起来，以最优化的组合将众多的旅游景点以最优惠的消费价格和最少的时间“推销”给游客。因此，旅游线路的开发要遵循一定的原则：第一，景区内容丰富性；第二，线路特色鲜明性；第三，消费优惠性；第四，交通便捷舒适性；第五，时间经济性。从文化旅游产业开发的角度看，旅游景区的内容丰富多彩和旅游线路充满鲜明的特色是线路开发的关键，因为这是能够给旅游者留下深刻印象的吸引物，也是旅游者产生旅游动机的原动力。

从西南地区少数民族传统文化的应用开发看，旅游线路的开发重点在于对文化旅游资源特点的把握。其中，文化旅游资源的品类特色、空间分布和偏好对应性是旅游线路开发需要重点把握的。旅游资源的品类特色是指民族文化旅游资源的数量、品质、类型等方面的特点。如果旅游线路上的旅游景区数量丰富、种类齐全、景观独特、风格各异，那么这种旅游线路就具有极强的吸引力和旅游价值，旅游市场潜力也就会很大。旅游资源的空间分布是指风景区和旅游中心、目的地与客源地之间的空间格局。旅游资源的空间分布直接影响到旅游线路的数量、形态、走向和结构体系。西南地区少数民族传统文化资源一般都在边缘地带，远离中心城市，离具有旅游消费能力的客源地较远，但是这些边远地区的旅游景区成群分布，品类特色突出、资源质量高，对旅游者同样具有极强的吸引力。因此，边远地区的线路开发就要依托

---

① 李永文主编：《旅游地理学》，科学出版社 2004 年，第 230 页。

旅游中心把风景区内或是附近的城镇打造成新兴的次级旅游点，进而开发出以品牌景区为主导的旅游线路，而不是以旅游中心城市为主导的旅游线路。偏好对应性是指文化旅游资源能够满足某一种游客的旅游心理需求。各类游客具有不同的旅游偏好和行为特征，如港澳台同胞和华侨来大陆旅游侧重于寻根问祖和探亲观光；欧美游客则慕名中国灿烂的古文化；日本游客则偏重于佛教文化、科学考察研修和多民族风情。[①] 根据旅游资源的偏好对应性，我们应该把旅游线路的开发思路建立在目的地和客源地之间的偏好对应性上，从旅游目的地的文化资源品类特色出发，沿着交通线路搜寻具有偏好某类文化旅游资源的客源市场和城市客源地。

商品开发模式、景区开发模式和线路开发模式是文化旅游产业开发的三种基本模式。其中，景区开发模式是最主要的文化旅游产业开发模式。由于文化物品和文化景观的所有权归属于不同的资源主体，因而在开发的市场主体上也应体现出不同的倾向。从开发的市场主体看，产品开发模式一般由个体或是家庭来实施，景区开发模式则由当地政府来组织实施，而线路开发模式大多是各地旅行社具体实施。这种资源开发模式与市场主体的对应性也不是绝对的，旅游开发公司可以对任何文化旅游资源实施市场开发，采用何种模式则由文化旅游资源的特点及其所有权的转让情况而定。

三、西南地区少数民族传统文化与旅游开发

西南地区是少数民族种类最为集中的地区，也是少数民族传统文化最为显著的地区之一。西南地区没有发达的现代工业，煤矿挖掘、矿业开采、水电开发等产业又对生态环境具有极大地破

① 徐学书主编：《旅游资源保护与开发》，北京大学出版社2007年，第219页。

坏性和污染性，因此，文化旅游产业就成为推进西南地区信息社会的发展、实现产业转型的必然之路。由于西南地区拥有丰富的民族文化资源，因而以少数民族群众为主体、少数民族聚居村寨为基础的民族文化旅游产业也必将成为该地区的支柱产业。

（一）西南少数民族传统文化的特色聚焦

西南地区少数民族传统文化的特色聚焦就是根据游客对文化旅游资源的喜爱，找到少数民族传统文化与游客的喜爱之间的契合点，开发出符合游客需要的旅游商品、旅游景区和旅游线路。由于旅游商品、旅游景区和旅游线路的开发都是建立在文化旅游资源的基础之上，满足人们精神文化上的情感需要的，所以文化旅游资源的文化内涵就成为它们对吸引游客的市场卖点，也是它们参与市场竞争的重要基础。以文化魅力吸引顾客，以文化营销开拓市场，这是我们西南地区少数民族传统文化旅游开发的关注点。

文化旅游开发的第一步是发掘整理西南地区少数民族传统文化。由于西南地区少数民族传统文化的丰富多样性，这就需要我们对整个西南地区少数民族传统文化有一个整体的了解和把握。西南地区社会发展历史悠久，少数民族风情异彩纷呈，自然景观绚丽多姿，这些少数民族传统文化的现状与发展，都将决定着它们在文化旅游市场上的竞争力。发掘整理西南地区少数民族传统文化，找到某一个开发对象的品类特色。其次是对少数民族传统文化的市场定位。发掘整理的这一品类特色在文化旅游市场上究竟有没有吸引力，有没有市场竞争力，特色明不明显，这还需要进行市场比较，即拿这一个开发对象与文化旅游市场上已有的旅游产品进行比较。通过比较去发掘该开发对象的品类特色在文化旅游市场上的发展潜力，进而选择出该开发对象的品类特色作为其市场卖点。再次是品类特色的聚焦。根据开发对象的资源特点，采取恰当的开发模式，设计最具表现力的产品形态，使开发对象的品类特色在同类旅游产品中鲜明醒目，这是品类特色聚焦的一般做法。至于具体的聚焦方法，开发者可以针对不同的文化旅游资源灵活、机动地选择与创新使用。总之，发掘整理、市场定位和特色聚焦这三个环节是旅游开发突出文化内涵、打造旅游产品的市场竞争力的必要流程。

西南地区少数民族传统文化的旅游开发要想取得市场竞争力，就必须紧紧把握西南地区少数民族众多、民族文化丰富多样的资源特点，立足于少数民族风情，突出文化旅游资源的民族性，打造出与东部、中部地区甚至是其他民族地区都不同的旅游品牌来。与中东部地区相比较，西南地区的客源地不在本地，而是在中东部地区，这就决定了西南地区的旅游开发要建造出与中东部地区具有不同特色的旅游产品来，否则，中东部地区的客源就不会跋山涉水来到西南地区，寻求他们对旅游审美的心理满足。要建构与中东部地区具有不同特色的旅游产品，西南地区的资源优势就已经决定了只能打民族特色牌，发展民族文化旅游产业。因此，旅游商品的开发要突出具有民族性的形态和文化内涵；旅游景区的开发要体现少数民族风情和让游客进行少数民族文化体验；旅游线路的开发中的资源定位和线路主题要具有民族特色。由于少数民族群众多以村寨为聚居地，文化物品和文化事象也以民族村寨为展示点，因而民族村寨是西南地区展示民族特色的最佳载体，也是最能够给游客留下深刻印象的地方。西南地区少数民族传统文化的旅游开发要突出文化旅游资源的民族性，就是要聚焦民族村寨，通过综合开发，将民族服饰、民族饮食、民族歌舞、民族节日、民族工艺、民族建筑等各种民族文化资源集中在以民族村寨为核心的景区内，营造出强烈的民族情调来，进而打造出西南地区的民族旅游品牌。

（二）西南地区少数民族传统文化的品类创意

西南少数民族传统文化的品类创意就是根据文化旅游资源的品类特点，从少数民族传统文化资源中找到最具民族魅力的文化内涵，以一定的主题和产品形态表现出来。由于人们对品类创意在文化旅游产业开发中的重要意义还没有清晰地认识，因而品类创意在西南地区甚至在其他地区的文化旅游开发中都还没有受到应有的重视。特别是在信息社会，创意产业的支撑作用日益突出，其产业地位也不断提升。作为文化旅游产业开发的重要支撑手段，品类创意应该成为文化旅游产业开发的关键技术。

根据载体形态的差异，我们把少数民族传统文化分为三类。第一种是历史文化类型的少数民族传统文化（简称历史文化），主要是指在少数民族历史发展过程中形成的以非物质文化为核心的综合性民族意识文化。历史文化并不否认其有物质形态，但是历史文化的物质形态不是它的文化本质，它的文化本质应该是非物质形态的文化内涵。历史文化是一个复数形态的概念，它是各种非物质文化和物质文化的综合统一体。作为历史文化的典范，丽江古城就是以物质形态存在的，但是它的文化价值更多的还是其内在的历史人文意蕴——以纳西族民族文化为内核的东西吸引了世界各地人民的眼球。历史文化的表现形态主要有历史名城、历史遗址、历史古迹、历史建筑、历史事件、历史传说等。第二种是民族风情类型的少数民族传统文化（简称民族文化），主要是指在少数民族日常生活过程中形成的，以非物质文化为核心、以少数民族的行为方式和物质形态体现出来的综合性民族风俗文化。民族文化也有物质形态的存在，但是物质形态的文化不是它的主体，它的主体应该是以行为方式和物质形态表现出来的非物质形态的文化内涵。民族文化也是一个复数形态的概念，它也是各种非物质文化和物质文化的综合统一体。例如，广西壮族的壮锦如果仅仅作为一种物质形态的织物来看待，那么它会和蜀锦、土锦等物质形态的织物没有两样，但是如果我们留心非物质形态的文化内涵，就会发现它的特色就是壮锦的民族工艺，这是其他民族不可能拥有的技术。民族文化的表现形态主要有民族服饰、民族饮食、民族歌舞、民族节庆、民族习俗等。第三种自然景观类型的少数民族传统文化（简称景观文化），主要是指在少数民族生存地理环境中以自然资源景观为主要存在形态的，以物质文化为核心的综合性民族资源文化。景观文化主要以物质形态存在，但是它的文化本质则是物质形态的文化景观。作为各种非物质文化和物质文化的综合统一体，景观文化也是一个复数形态的概念。例如，桂林享有“桂林山水甲天下”的美誉，山青、水秀、洞奇、石美的桂林山水是典型的喀斯特地貌，象山水月、阳江秋月、千年古榕、南天一柱……无一不是人们向往的；那飞瀑、深潭、绿湖、石笋、石花、石乳……无一不吸引人们的眼球。尽管桂林也有多姿多彩的民族风情，壮、瑶、侗等 28 个少数民族各有各的特色，壮族的壮戏、瑶族的长鼓舞、侗族的侗戏等驰名中外，但是在世人的心目中，桂林的山水风光才是桂林最有文化魅力的地方，也是其文化旅游价值之所在。景观文化的表现形态主要有地质景观（石林、土林、岩溶地貌、冰川遗迹、风沙地形、岛屿岩礁等）、水域景观（湿地、峡谷、湖泊、瀑布等）、生物景观（古树名木、森林草地、天然花园、自然保护区）、物象景观（日出、佛光、海市蜃楼、烟雨等）等。这三种品类的少数民族传统文化都具有各自的文化魅力，对我们进行品类创意和市场定位来说具有先决性的开发意义。

一般来说，旅游产品都具有内容和形式两个方面。运用品类创意技术对少数民族传统文化进行旅游开发，内容和形式也就是两条主要的开发路径。对于既定的少数民族传统文化资源，我们首先应该把该开发对象放置到文化品类中去，找到它的民族文化品类特色之后，再进行有关旅游产品的内容和形式的设计和建构。具体来说，就是根据文化旅游资源层级体系，逐步缩小开发对象的比较范围，直到找到最低的资源层次，再在这个最低层次内进行全国范围的比较，从而确定该开发对象在全国旅游市场中的品类特色。然后，根据资源的品类特色，明确定位品牌。最后，根据品牌内涵选择最佳的内容主题和设计最优的表现形态，最终开发出符合资源特点的旅游产品来。这也就是文化旅游开发的品类创意过程。例如，我们对云南省保山市隆阳区金鸡乡进行旅游开发，其品类创意过程就是：第一，确定文化品类。金鸡乡的历史文化资源占据优势，有不韦县遗址、金鸡古戏台、杜文秀起义地、三国名臣吕凯故里、“陶艺之乡”等文化旅游资源表明，金鸡乡应该属于历史文化类。第二，确定品类特色。在金鸡乡的所有历史文化资源中，不韦县遗址的历史最为悠久，又与历史人物吕不韦有历史渊源，且在西南地区的边疆行政区域建制中具有开创性的意义，是中原汉族文化进军西南边疆民族地区的首次成功，更是西南地区民族融合和同化的典范，因而不韦县遗址是金鸡乡历史文化最具特色的。第三，提炼定位品牌。不韦县遗址是中原汉族文化与西南土著文化发生民族冲突的历史产物。因此，我们可以把金鸡乡的历史文化品牌确定为“西南极边第一县”。第四，开发创意设计。“西南极边第一县”的品牌内涵表明，金鸡乡既具有中原汉族文化的特色，又具有民族边疆地区的特点，还具有悠久的历史文化。我们在开发创意设计的时候，就应该发掘不韦县遗址，建立遗址博物馆；创建历史文化长廊，展示金鸡乡的历史渊源；恢复金鸡古戏台的洞经演出，强化游客的民俗参与体验；打造陶艺制作基地，树立金鸡原始艺术情调等。当然，尽管我们在使用品类创意技术对不同的文化资源进行旅游开发的时候应该遵循相同的品类创意流程，但是，在开发规划这一环节上，我们的创意设计可能会由于资源、创意人员、资金等方面的制约而有所不同。

总之，通过品类创意技术将少数民族传统文化转化为有市场竞争力的旅游产品，这是我们西南地区少数民族传统文化旅游开发的薄弱之处。而克服这一困难的关键就是培养既具有深厚的民族文化理论功底又具有文化旅游产业开发创意技能的高层次民族创意人才。

(三) 西南地区少数民族传统文化的旅游营销

少数民族传统文化的旅游营销是指建立在整合营销理念基础之上对文化旅游产品进行的文化营销传播活动。文化营销传播是指“充分运用文化力量实现企业战略目标的市场营销活动”。[①]这是对文化营销的一种狭义理解。实际上，对文化营销的这四种理解主要体现为两种视角，即文化究竟是对象还是手段。当然，文化也可以同时既是营销对象，也是营销手段。当你需要在工作间隙放松自己的时候，或许你会走进诸如陶艺吧之类的休闲场所，这种场所有意营造的视听环境氛围和随意方便的服务格调，会给予你别样的惬意。其实，你的需求或许并非为了买一个陶器，而是要享受那种原始文化氛围和情调，追求一种文化品位。在这里，陶艺文化既是营销的对象，又是营销的手段。由此看来，无论是把文化作为营销对象还是作为营销手段，这两种视角都可以统一在营销传播的视阈中。因此，文化营销传播就是以文化为卖点或手段来营销产品和服务的传播活动。[②]通过文化营销传播活动来营销文化旅游产品，这对市场经济时代的旅游市场来说显得格外迫切。文化旅游产品的过剩供给导致旅游消费的审美

---

① 谢元鲁主编：《旅游文化学》，北京大学出版社 2007 年，第 116 页。

② 张宇丹、魏国彬：《文化营销传播论》，载《思想战线》2005 年第 5 期，第 12 页。

疲劳，大量的旅游景区和旅游商品让游客显得见怪不怪。如何突出西南地区文化旅游产业的少数民族传统文化特色，让各地游客青睐它们？以整合营销理念建构旅游产品的文化营销传播就是在拥挤的旅游市场占据一席之地的有力法宝。

西南地区少数民族传统文化的旅游营销应该是立体整合的营销，即要整合一切资源和一切营销手段，利用一切传播媒体和展示场所，尽可能地推销文化旅游产品，对旅游客源市场产生强大的拉动力。从营销对象来看，文化旅游资源应该受到推销，文化旅游产品也应该被强有力地推销。从营销手段来看，文化旅游资源的推销是一种营销文化旅游产品的手段，推销文化旅游资源实际上也就是在推销文化旅游产品，反过来这种关系也成立，它们二者是相辅相成、共同促进的营销关系。文化旅游产品的立体整合营销还意味着全面利用各种传播媒体和传播手段来进行营销。无论是传统纸质媒体，还是现代数字媒体，也无论是新闻报道方式，还是民间民俗展示方式，只要是有利于提升西南地区少数民族传统文化及其文化旅游产品的知名度和美誉度的，我们就可以遵循拿来主义的原则，实现旅游营销的立体化市场效应。

从西南地区少数民族传统文化的旅游营销实践来看，影视传播手段可以说是最佳的文化营销方法。新中国成立以后问世的以《山间铃响马帮来》、《五朵金花》、《阿诗玛》、《在西双版纳的密林中》等为代表的一批民族电影，展现了云南旖旎的自然风光和绚丽的民族风情，从而揭开了“云南秘境之旅”的序幕，也推动了云南民族文化旅游资源的开发。尤其是以杨丽坤为主角拍摄的电影《五朵金花》、《阿诗玛》，得到了各界的肯定和高度的评价。据有关部门的权威人士估计，“金花”和“阿诗玛”为云南创造的民族文化和经济品牌的无形资产远远超过1 000亿元人民币。[1]“电影《阿诗玛》的发行放映，让一个具有独特文化的民族走向世界，也让世界关注这个民族、这个民族的文化、这个民族的居住环境——石林。”“电影《阿诗玛》之所以那样熠熠生辉，大三弦之所以那样撼人心魄，《远方的客人请你留下来》之所以久唱不衰，是因为撒尼人灿烂的文化与石林独特的自然景观双重变奏的结果。”[2]可以这样说，没有电影《阿诗玛》，就没有今天的路南石林风景区；没有电影《五朵金花》，就没有大理苍山洱海风景区；没有电影《刘三姐》，也就没有桂林山水风景区的美誉天下。影视作品因少数民族风情而充满文化魅力，民族文化因影视作品的形象展示而大放光彩，影视作品的文化奇观与民族文化的人文意蕴相得益彰，这就是文化旅游产业影视文化营销的巨大魅力。实践已经证明，重视少数民族传统文化的形象营销，通过影视手段展示少数民族的民族风情和建构旅游目的地的文化形象，这是迄今为止最能够取得旅游营销立体效应的文化营销途径。

西南地区少数民族传统文化的旅游营销是文化旅游产业开发中非常重要的一个环节，在某种程度上它甚至还决定着旅游产品开发能否取得成功。现在，西南地区的文化旅游产业开发还处于浅层次状态，业界人士在旅游产品开发的营销观念上很缺乏，对少数民族传统文化如何进行开发还显得相当模糊，对发掘文化旅游资源的潜力还缺乏力度，对西南地区民族文化的旅游品牌塑造更是没有清晰的努力方向。研究少数民族传统文化的旅游营销，促进西南地区的文化旅游产业尽快与市场接轨，提升西南地区文

---

① 熊清华、王亚南等著:《铸造发展的魂魄——云南“民族文化大省”建设理论探索》，云南人民出版社 2002 年。

② 金星华主编:《民族文化理论与实践——首届全国民族文化论坛论文集》，民族出版社 2005 年，第 944 页。

化旅游产业开发的经济效益和社会效益，这将是一个艰巨而又光荣的任务。

聚焦民族特色，强化品类创意，重视旅游营销，全面提升文化旅游产业的开发水平，这是我们西南地区少数民族传统文化旅游开发的基本要求。总之，研究西南地区少数民族传统文化的旅游开发，弄清楚如何将丰富多彩的少数民族传统文化转化为受到市场青睐的旅游产品，极大地发掘少数民族传统文化的潜在价值，全面推进西南地区社会经济文化的健康快速发展，这是产业转型背景下民族文化旅游产业研究的重大课题。我们将为实现这样的目标而不懈努力！

参考文献

[1]〔美〕E. M. 罗杰斯著，殷晓蓉译．传播学史：一种传记式的方法．上海：上海译文出版社，2001.

[2]〔美〕哈尔·R. 范里安著，费方域等译．微观经济学：现代观点．上海：上海三联书店上海人民出版社，1994.

[3]〔英〕A. R. 拉德克利夫－布朗，夏建中译．社会人类学方法．济南：山东人民出版社，1988.

[4]〔法〕E. Durkheim. *The Rules of Sociological Method*. New York：The Free Press. 1966.

[5]〔英〕雷蒙德·弗思，费孝通译．人文类型．北京：华夏出版社，2002.

[6]〔英〕埃文思－普里查德，褚建芳、阎书昌、赵旭东译．努尔人——对尼罗河畔一个人群的生活方式和政治制度的描述．北京：华夏出版社，2002.

[7]〔美〕英格尔斯．人的现代化．成都：四川人民出版社，1985.

[8]〔美〕马歇尔·萨林斯著，赵丙祥译．文化与实践理性．上海：上海人民出版社，2002.

[9] 方国瑜主编．云南史料丛刊．昆明：云南大学出版社，1990－1.

[10] 熊清华．至爱极边．北京：人民文学出版社，2007.

[11] 熊清华．语境保山．北京：作家出版社，2007.

[12] 熊清华、木霁弘编著．万世其昌——行走在古代的保山．

昆明：云南民族出版社，2007.
[13] 耿德铭．哀牢文化研究．昆明：云南人民出版社，1995.
[14] 周勇．最后的驿道．北京：民族出版社，2004.
[15] 肖正伟主编．哀牢探秘．香港：香港天马图书有限公司，2000.
[16] 肖正伟著．保山郡县史探．香港：香港天马图书有限公司，2000.
[17] 段一平．老保山．昆明：云南美术出版社，2007.
[18] 丁今主编．隆阳区非物质文化遗产名录．北京：文化艺术出版社，2007.
[19] 丁今、肖正伟主编．隆阳民间文学集成．北京：中国文联出版社，2007.
[20] 图道多吉主编．中国民族理论与实践．太原：山西教育出版社，2002.
[21] 钟敬文主编．民俗学概论．上海：上海文艺出版社，1998.
[22] 李晓斌．历史上云南文化交流现象研究．北京：民族出版社，2005.
[23] 汪仲翰．中国民族史．昆明：中央民族大学出版社，1999.
[24] 刘丽川编著．民俗学与民俗旅游．上海：同济大学出版社，1990.
[25] 贺涛．云南原生态旅行：串寨子．昆明：云南民族出版社，2007.
[26] 马勇、李玺编著．旅游规划与开发．北京：高等教育出版社，2006－2 版．
[27] 李永文主编．旅游地理学．北京：科学出版社，2004.
[28] 徐学书主编．旅游资源保护与开发．北京：北京大学出版社，2007.
[29] 刘晖．民族旅游学．北京：民族出版社，2006.

[30] 刘焰．中国西部生态旅游产品绿色创新．北京：经济管理出版社，2004.
[31] 谢元鲁主编．旅游文化学．北京：北京大学出版社，2007.
[32] 熊清华、王亚南等著．铸造发展的魂魄——云南“民族文化大省”建设理论探索．昆明：云南人民出版社，2002.
[33] 金星华主编．民族文化理论与实践——首届全国民族文化论坛论文集．北京：民族出版社，2005.
[34] 李天元．中国旅游可持续发展研究．天津：南开大学出版社，2004.
[35] 朱传耿、沈正平、孟召宜主编．科学发展观与人文地理学研究新进展．北京：科学出版社，2005.
[36] 胡惠林．文化产业学：现代文化产业理论与政策．上海：上海文艺出版社，2006.
[37] 刘吉发、陈怀平．文化产业学导论．北京：经济管理出版社，2005.
[38] 陆祖鹤．文化产业发展方略．北京：社会科学文献出版社，2006.
[39] 施惟达主编．态与势：2006 云南文化产业研究．昆明：云南大学出版社，2007.
[40] 顾江．文化产业经济学．南京：南京大学出版社，2007.
[41] 徐嵩龄、张晓明、章建刚主编．文化遗产的保护与经营——中国实践与理论进展．北京：社会科学文献出版社，2003.
[42] 张晓明、胡惠林、章建刚主编．2004 年：中国文化产业发展报告．北京：社会科学文献出版社，2004.
[43] 国家广播电影电视总局发展改革研究中心．2006 年中国广播影视发展报告．北京：社会科学文献出版社，2006.
[44] 魏国彬．电视剧市场体系研究．昆明：云南大学出版

社，2007.
[45] 郭庆光．传播学教程．北京：中国人民大学出版社，1999.
[46] 张江华、李德君、陈景源、杨光海、庞涛、李桐．影视人类学概论．北京：社会科学文献出版社，2000.
[47] 鲁迅．汉文学史纲．上海：上海古籍出版社，2005.
[48] 毛泽东．毛泽东选集．北京：人民出版社，1966 - 1.
[49] 郑杭生主编．社会学概论新修．北京：中国人民大学出版社，2003.
[50] 陈先达主编．马克思主义哲学原理．北京：中国人民大学出版社，2004.
[51] 侯钧生主编．西方社会学理论教程．天津：南开大学出版社，2001.
[52] 李江宁、蔡忠杰主编．企业改制与产权交易全程要略．济南：山东人民出版社，2006.
[53] 徐玉成．宗教政策法律知识答问．北京：中国社会科学出版社，1997.
[54] 云南省社会科学界联合会编．建设富裕民主文明开放和谐云南．昆明：云南人民出版社，2007.
[55] 罗荣渠．现代化新论——世界与中国的现代化进程．北京：商务印书馆，2004.
[56] 张宇丹、魏国彬．文化营销传播论．思想战线，2005 - 5.
[57] 刘迎秋．民营企业与跨国公司：竞争与合作．中国社会科学院院报，2006 - 12.
[58] 耿德铭．塘子沟文化人类生活环境初探．云南民族学院学报（哲社版），1995 - 1.
[59] 何斯强．论两汉时期西南地区的民族关系．思想战线，1986 - 5.
[60] 曹相．云南古代汉族移民与社会经济的发展．云南师范大

学学报，1998－5.
[61] 陆汉文、岂晓宇．当代中国农村的贫困问题与反贫困工作．江汉论坛，2006－10.
[62] 何景明．国外乡村旅游研究述评．旅游学刊，2003－1.
[63] 刘红艳．关于乡村旅游内涵之思考．西华师范大学学报，2005－2.
[64] 周正明．乡村旅游：新农村建设的有效途径——对迪庆州发展乡村旅游的思考．上海经济研究，2007－6.
[65] 刘红芳、梁留科等．乡村旅游热的冷思考．江西农业大学学报，2006－9.
[66] 李亚、李宏等．云南省乡村旅游存在的问题与对策研究．云南地理环境研究，2007－3.
[67] 王雨昕．乡村旅游的负面效应及对策研究．商场现代化，2007－6.
[68] 刘刚、孙建．成都郊区的乡村旅游发展探析．边疆经济与文化，2007－1.
[69] 马文银．生态旅游的负面效应及对策研究．生态经济，2003－10.
[70] 徐延山．农家乐可持续发展的思考．政策瞭望，2006－11.
[71] 杨萧伊．云南影视文化之魅．创造，2004－4.
[72] 徐志成．论新农村建设中发展文化产业的意义和思路．才智，2008－2.
[73] 齐学广．试论人的现代化内涵及制约人的现代化因素．安阳师范学院学报，2007.
[74] 杨中万．论新农村建设动力结构．湖湘论坛，2007－1.
[75] 郭玉兰．大力发展农村文化产业．农村工作通讯，2008－3.
[76] 刘建华、李波等．云南省乡村生态旅游发展新趋势——民

族文化与旅游地质资源的融合．云南地理环境研究，2007－1.
[77] 曹端波．乡村旅游与乡村发展——从文化经济学考察乡村经济发展．贵州大学学报（社会科学版），2007－6.
[78] 严亚玉．宗教旅游论析．厦门大学学报，2000－3.
[79] 陈炜、黄达远．传统节日文化中的宗教文化因素及其在旅游开发中的运用．青海社会科学，2007－3.
[80] 丁新艳．浅析宗教文化的旅游价值．沧桑，2007－3.
[81] 郑嬗婷、陆林等．宗教旅游可持续发展研究．安徽师范大学学报，2004－5.
[82] 刘翠．试论宗教文化与中国旅游．清华大学学报，2003－6.
[83] 李如跃、刘广锐．用可持续发展观看宗教旅游的发展．时代金融，2006－6.
[84] 普映娟．保山市县域经济发展水平评价研究．保山师专学报，2007－4.
[85] 陈飞．各地农村基层文化建设掠影．中国新农村建设网，2008－5－13.
[86] 秦光荣．叫响健康旅游．腾冲电子政务门户网站，2005－11－10.
[87] 解丽平．突出特色　打造精品　促进旅游产业跨越式发展——在隆阳区 2007 年旅游工作会议上的讲话．保山旅游网，2007－4－24.
[88] 赵家华．深化改革，加快发展，不断提高建设“文化新保山”的能力——在 2005 年全市文化、新闻出版工作会上的讲话．保山市文化产业网，2005－4－7.
[89] 王彩春．认清形势，善谋实干，努力开创我县旅游文化业发展的新局面．腾冲文化产业网，2007－2－9.

[90] 保山市招商局．保山概况．保山招商网，2005.
[91] 保山市旅游局．保山风景名胜．保山旅游网，2005.
[92] 保山旅游局．政策法规、发展规划．保山旅游网，2006－2－16.
[93] 李庆良．保山市1～4月旅游接待人数及旅游收入情况．保山旅游网，2007－5－15.
[94] 轶名．卧佛寺：开启隆阳旅游的一扇．保山政府网，2007－12－28.
[95] 轶名．什么是连锁经营．中国专卖店网．
[96] 徐盛兴．健康旅游——21世纪旅游产业发展的方向．保山旅游网，2006－1－9.
[97] 隆阳区旅游局．隆阳区旅游概况．保山旅游网，2006.
[98] 轶名．7月1日正式实施农家乐经营服务规范．乐途旅游网，2007－7－3.
[99] 鲁兴勇．加强文化理论研究　促进保山文化发展．保山市人民政府网，2006－12－26.
[100] 高泽涛．浅析云南侨乡文化成因、特征及建设．侨联网，2007－11－1.
[101] 许秋芳．在保山旅游推介会上的讲话．保山旅游网，2006－6－21.
[102] 赵坷．云南文化产业发展模式探析．云南师范大学学报，2006.
[103] 梁振．西部地区民族文化产业研究．中央民族大学学报，2005.
[104] 谢俊．云南民族文化建设之理性思考．云南师范大学学报，2004.
[105] 刘红艳．乡村旅游开发研究．中南林学院学报，2001.
[106] 杨清心、周斌．云南：文化支撑旅游产业快速发展．经济

日报，2008－2－27.
[107] 刘好光．文化产业理论研究明显滞后．中国教育报，2007－3－8.
[108] 卫兴华．简评〈分工、比较优势与文化产业发展〉．光明日报，2007－2－2.
[109] 中共中央理论宣传局编写组．科学发展观学习读本．人民日报，2006－7－17.
[110] 蔡文学．发展东莞的文化旅游产业．中国旅游报，2003－4－16.
[111] 王永刚．文化云南魅力无限云南民族文化大省建设回眸．云南日报，2008－2－22.
[112] 中国社会科学院文化研究中心、云南大学国家文化产业研究中心．发展具有民族特色的文化产业．云南日报，2007－11－8.
[113] 李炎．经济与文化互动发展云南文产．云南经济日报，2007－3－6.
[114] 吴锡贵．着力发展云南珠宝玉石文化产业．云南经济日报，2008－4－9.
[115] 郑军．重庆旅游区农家乐简易房倒塌14人坠下受伤．华西都市报，2007－3－13.
[116] 汪升华、刘洋．都市郊区旅游发展研究．第二届“海峡两岸休闲农业与观光旅游学术研讨会”．台中，2004.
[117] 郭焕成、任国柱等．发展农业旅游　促进农村建设．中国地理学会2006年学术年会．兰州，2006.

后　记

2007年，我重新走上工作岗位。在经过几年的学习深造之后，我对学术有了新的理解，对社会也有了新的感受。岁月如梭，人生短暂。转眼之间，我已经过了而立之年。我日益觉得应该抓住难得的机会加倍的努力，尽早实现人生的梦想和价值。因此，尽管一天工作下来累得腰酸背疼，但我还能感觉到自己正在享受着那一种难以明说的人生乐趣。

俗话说，到什么山就唱什么歌。初到保山这块人文宝地，我内心还是有一些发憷：一切都是陌生的，一切都是崭新的，我能不能尽快地适应这里的风土人情？作为一名文化人类学研究者，我深知，如果不能入乡随俗，我将难以真正融入保山文化中去，也将难以开展自己的工作，进而难以实现服务保山社会经济文化发展的目的。所以，刚来时，我调整心态，尽量参与到研究工作的方方面面中去，到田间地头，深入进行田野考察，关注保山的民族民间文化。不久，很快熟悉了保山的地方民情，效果出乎我的所料，不到一年，我竟然成为一个貌似地道的“保山通”，就连许多保山本地人都没有我掌握的保山民俗典故多。

功夫不负有心人。在保山市社会科学界联合会组织的首届保山市哲学社会科学研究基金项目申报中，我和吴臣辉硕士联手合作申请的课题“保山市文化产业可持续发展的瓶颈及其对策”就顺利通过评审，获得重点立项资助。成功申请的课题既是一个研究契机，又是一种巨大的推动力，它使我开始了持续地关注保山的文化和文化产业的发展，促使我积极主动地参与到保山市文化产业的发展实际中，深入到保山的文化产业与民族民俗现场进行田野调查。身临其境感受现场，我获得了大量的第一手资料，结识了许多保山文化界的知名人士。调查越深入，我对保山的感触也就越多。我发现，保山的文化资源是如此之丰富，保山的文化产业运作是如此之停滞不前，有关保山文化产业的研究是如此之缺乏，进行学术努力的空间是如此之巨大。于是，我调用自己的理论积累，开始了保山文化产业研究的初步探索。引以自慰的是，在一年多的时间内，我竟然弄出了这些文字。而且还有许多文章在《集团经济研究》、《文化产业研究》、《云南日报》、《保山师专学报》、《保山日报》、《保山社会科学》和《永昌文学》等刊物上发表。

另外，我还参与了我的博士生导师、云南大学人文学院段炳昌教授主持的教育部人文科学重点研究基地重大招标课题“西南地区少数民族传统文化的发掘整理与应用”的研究。在导师的指导与帮助下，我立足于保山，运用新的视角，不断开拓保山文化产业研究的新的发展空间。今天，我的研究成果能够成书，这与我的导师段炳昌教授的指导、鼓励是分不开的。我特别要感谢他。我的硕导张宇丹教授的持续关心也让我格外感动。

在这一年多的研究过程中，保山市委书记熊清华先生给了我莫大的精神支持。尽管我与熊清华先生至今都还未谋面，但是他对我的肯定让我永生难忘。他看了我写的书评文章之后，在繁忙的工作中抽出时间亲笔写信给我，这是多么让我感动啊！作为一名文化人类学研究者，我还有什么理由对保山这块人类学奇境置之不顾呢！我得用实际行动证明，我将会把保山看成我的第二故乡，我将用我仅有的智慧和才华营销保山这块多元文化的和谐圣地，为创造保山的美好明天添砖加瓦，以此感谢熊清华先生对我的真诚鼓励！

我将永远也不能忘记蒋永文校长的关心。在课题研究的过程中，蒋永文校长经常指导我的课题研究工作，并叮嘱我们要注意处理好课题研究当中的一些敏感问题。他还在多方面给我提供支持与帮助，并时时鼓励我做出更多的成绩来。如果我能取得一点成绩的话，这与蒋永文校长的赏识和支持也是分不开的。对此，我将永远铭记在心。

保山师专中文系是我的教学科研工作的坚实后盾。文薇教授在“老带新”的新教师培训过程中担任我的指导老师，她不仅在教学与研究方面给了我许多启迪，还时时叮嘱我要多保重身体。李毅斌主任还尽量给我提供工作方面的方便和科研方面的资助，支持我专心于科学研究。退休在家的尹家正老师也经常与我交流保山地方文化，使我受益匪浅。张美安副教授、陈丽萍副教授、朱红林副教授、刘定富副教授、张山讲师、杨保文讲师、张雪梅讲师等中文系的各位老师也都给了我不同的支持。我要特别感谢我所在的中文系，感谢各位老师对我的百般关照，感谢这个能够让我身心舒畅的温馨之家！

当我听到这本拙著被纳入“滇西学术文丛第二辑”予以资助出版的消息时，我特别激动——这是对我的科研成果的肯定，也是一种特殊的奖励。我要特别感谢学校学术委员会的各位专家和老师，是他们将我的学术成果再一次推向世人的面前。对于科研处何光文处长给予的支持和周燕芳硕士所做的工作，我深表感谢。因为只有有了他们的辛勤劳动，我的这本拙著才能够有机会“见到天日”。

我的同学吴臣辉硕士是我的科研合作者，这本书也有他的一份功劳。我们共同讨论拟订方案，申请课题。他骑摩托车驮着我一块儿下乡，进行田野调查。每到一处，他都积极联络相关人士打听消息。我们分工负责搜集整理资料，我们不断争论相互启发思路。许多论文就是这样共同写出来的。

在本书内容的组成当中，他主要分工撰写了以下6篇文章：《论汉晋时期哀牢区域汉族移民的特点》、《文化产业发展与新农村建设》、《保山隆阳区乡村旅游的现状及发展对策》、《保山坝子农家乐旅游存在的问题及策略》、《中小城镇寺庙旅游开发研究——以云南保山坝为个案》，《保山市文化产业发展战略分析》，近4万字。

在进行课题的研究过程中，我还得到了保山文化界人士的大力协助。他们是保山日报社社长段晓波同志、保山市社会科学联合会主席鲁国超同志、隆阳区文联主席白利斌同志、隆阳区文化馆馆长丁今同志、保山市艺术团原团长张小平等。另外，保山地方文化专家肖正伟老师是我的地方文化研究的向导，他给我提供的帮助特别大，给我的教益，我将终生难忘。

由于我一直都在求学，参加工作也不久，因而家庭的经济状况相当困窘。在此，我真诚地感谢我的妻子郑先桃，是她风雨与共帮助我克服了生活的艰辛，是她的辛勤操劳和持家让我有充裕的时间来研究与写作！我也非常感谢我的岳父母、父母及所有的兄弟姊妹，他们永远都是我奋进的不懈动力和心灵依靠！

我也要感谢给了我关心与鼓励的领导、同事和同学们，他们是邓忠汉教授、张国儒副教授、李忻琪教授、徐东副教授、徐国良副教授、邱志华副教授、朱星薇副研究馆员、丁强编审、蔡红燕副编审、朱进彬副编审、万晓萍副研究馆员、侯兴华博士、曲艳玲硕士、刘桂林硕士、羊许益硕士、余中根硕士、周鑫硕士、何奎硕士、熊伟平硕士、张春晖硕士、黄云硕士、汪豪硕士、鄢英硕士、吴运优硕士、李凤成硕士、王伟老师以及我还不能说出姓名的所有老师们。他们的关心与鼓励是我前进的动力。最后，我还要对为本书的出版付出辛勤劳动的编辑老师给予崇高的敬意和感谢！

由于我才疏学浅和深入文化产业实践时间的有限，我们的研究可能还存在着这样或那样的问题。我迫切地希望每一位读者不吝赐教，参与本书的讨论，提出批评与建议。我将不胜感激。

魏国彬

2008 年 5 月 26 日

于保山师专文笔塔下